郭立誠著

文史哲學集成

中國生育禮俗考

文史哲出版社印行

中國生育禮俗考/ 郭立誠著. -- 初版. --臺北
市：文史哲，民 97.08 印刷
頁： 公分.（文史哲學集成；44）
ISBN 978-957-547-251-1(平裝)

1.家庭衛生 _ 生產 _禮俗考

429.12

文史哲學集成 44

中國生育禮俗考

著　者：郭　立　誠
出版者：文史哲出版社
http://www.lapen.com.tw
e-mail：lapen@ms74.hinet.net
登記證字號：行政院新聞局版臺業字五三三七號
發行人：彭　正　雄
發行所：文史哲出版社
印刷者：文史哲出版社
臺北市羅斯福路一段七十二巷四號
郵政劃撥帳號：一六一八〇一七五
電話886-2-23511028 · 傳真886-2-23965656

實價新臺幣三〇〇元

中華民國六十八年（1979）七月初版
中華民國九十七年（2008）八月 BOD 初版一刷

ISBN 978-957-547-251-1

自序

在倡導節育運動，推行計劃家庭的今天，我完成了這部中國生育禮俗考，大有只靠回憶過日子，閒話開元天寶的遺老意味，又有緬懷昇平盛世，還企盼著開倒車的嫌疑，然而這決不是我的意思，我的本心。

說來我的動機很單純，只是想盡到一個學歷史的人的本分，尤其是研究民俗史的，更有責任整理，保存這類文獻，寫成有條理有系統的著作，作一番「結集」的工作，對過去未來才都算有個交代。

有價值或沒價值，文明的或野蠻的，可笑的或使人敬佩的……這一類的批評都不能拿來衡量史實，因為歷史要的是眞不眞，不是善不善。只要事實俱在，甚至於只要是眞贓實犯，就有價值，研究歷史的人就有保存它的責任，因此我才費盡心力去發掘那些古老的、荒謬的、愚昧的傳說和神話。

當遠古時代，人們將一把種子撒在廣大的原野上，不久就長出一片綠油油的莊稼，於是體認到宇宙的神奇。又看到大腹便便的母羊，生下一羣稚嫩的羔羊，人們更虔敬地吐露出衷心的頌贊，那就是「天地之大德曰生」。

對這些生生不息之力既感到其不可思議，又不明其所以然，因此許多原始社會都有生殖崇拜的習俗，這些習俗經過千百年的流傳，分向四方散播，再經過人們口頭渲染和裝飾，就成了多彩多姿的神話傳說，然而治民俗史的人追本溯源地去研究，就可以發現許多地方的習俗與傳說實在是大同小異的。

華封三祝曰：「多福多壽多男子」，正道出了人類原始的願望，「多福多壽」關係的是個體的生存，「多男子」在父系社會裏關係著宗族的延續。誰都盼望家族綿延，五世其昌，要光大門庭，就要靠俊秀出衆的子孫，於是乃形成了祈子的習俗和胎教；先民祈子的禱歌保存在詩經三百篇裏的不少，胎教說法也有了兩千年的歷史，所以我一直耐心的在經書正史以及稗官小說裏尋找，居然也找到了頗爲豐富的材料。

生兒育女，育嬰保赤，這本是匹夫匹婦的事，高文典册原不屑於記載這些瑣碎的東西，可是民間許多古老的巫術、符咒却藉口耳相傳保存了下來，後來因爲印刷術的發達，這些荒誕，神祕的原始文獻就靠術數選擇書，甚至中醫古籍給記錄下來，因此我也讀了不少集迷信之大成的書籍，如三元總錄、玉匣記等。

五十年來，我們的社會起了前所未有的變化，許多人們的舊觀念和傳統習俗都被大家揚棄了、遺忘了，如果其取捨確實合乎科學精神，這毋寧是一種可喜的現象，但在另一方面，如果再不把這些東西記錄下來，再過十年、二十年，它們可能全數消失，那對學術上的損失就大了，因此我覺得自己責無旁貸，才下定決心寫這部書的。

看別人的著作是最輕鬆的事，既可坐享其成，又可吹毛求疵，到自己動筆可就不那樣方便了，尤其寫歷史性質的文章，隨時都要注意審查資料的來源和眞實性，一有問題，就得放棄。至於研究民俗的人最重要的是實地採集，然而一水之隔，鐵幕深垂，又怎能親身去採風問俗？再一想我們大江南北富庶之區，經過二十年的空前浩刼，那些民間傳承的習慣和踵事增華的禮俗必然泯滅無餘，今天我在寶島，由書籍裏找到的文獻，已然是僅有的史料了！一念及此，能不浩嘆？這也是我發誓述作的動機之一。

不論如何，書是寫成了，空虛錯誤乃是意中的事，正待諸位先進教正。同時我更感謝協助我成書的兩位年青人，一位是臺大的但漢章同學，一位就是小兒言都。

民國五十八年七月脫稿

中國生育禮俗考目錄

圖版

漢武梁祠石刻之女媧像
國立歷史博物館藏
但漢章君攝

二

葉德輝郎園叢書本三教搜神大全卷四大奶夫人書影

按大奶夫人即臨水夫人，（但漢章君攝）

中央研究院傅斯年圖書館藏

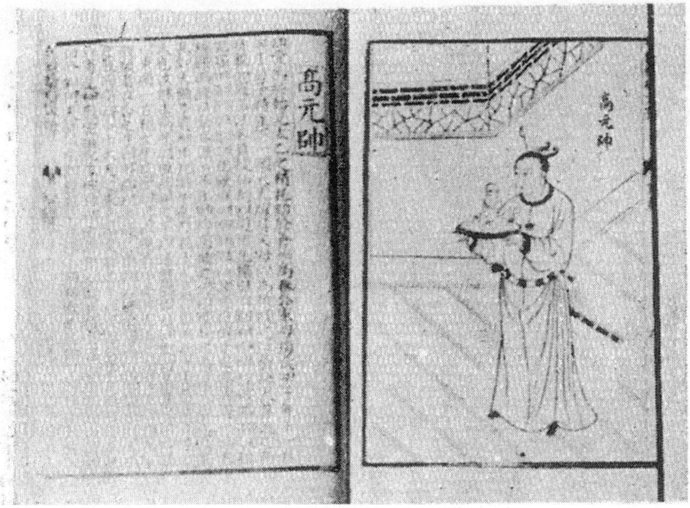

葉德輝郎園叢書本三教搜神大全
卷四高元帥書影
按高元帥名員，亦稱降生高
元帥，爲臨水夫人屬神。
（但漢章君攝）
中央研究院傅斯年圖書館藏

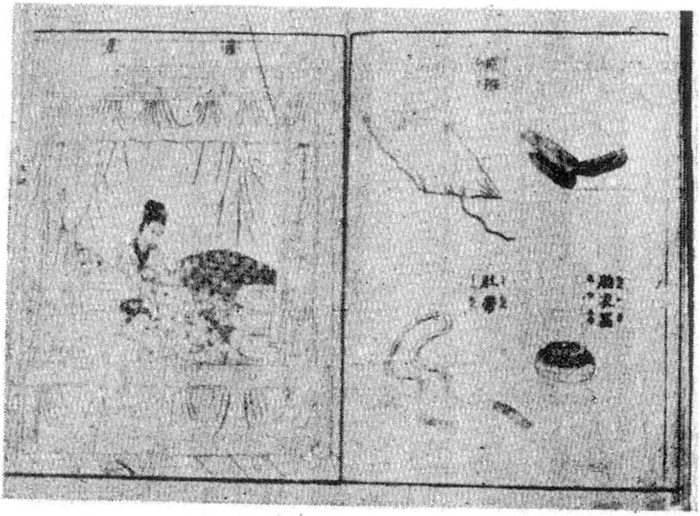

四

日本寬政十一年刊本清俗紀聞書影：產房及生產應用物品。

按寬政十一年卽清嘉慶五年，清俗紀聞中川忠英著

中央研究院傅斯年圖書館藏

歷史博物館所藏娘娘禡，中泰山娘娘卽碧霞元君，左爲子孫娘娘，華北地區民衆所崇拜之女神。

但漢章君攝

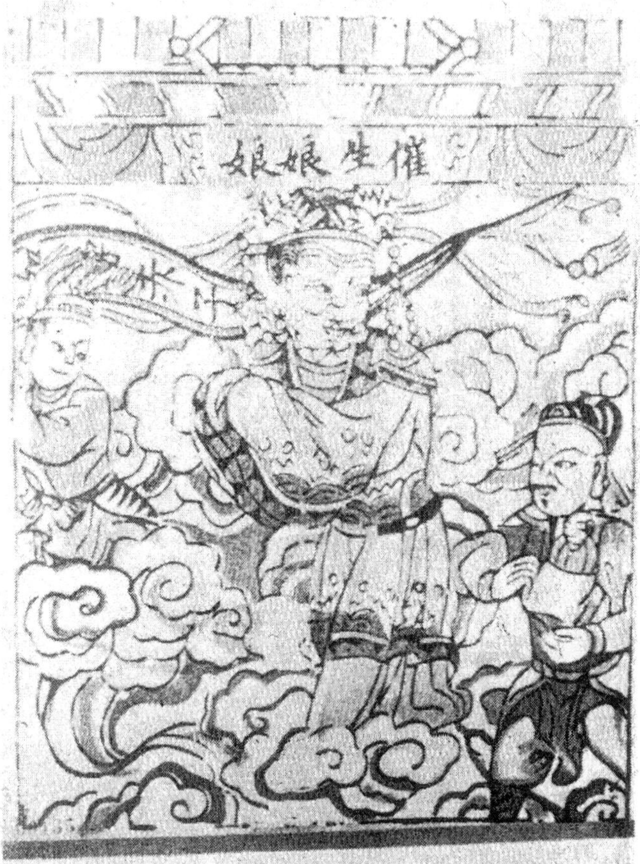

歷史博物館所藏催生娘娘禡，北方婦女生產時，供奉催生娘娘於產房內，分娩第三日祭拜送神。

但漢章君攝

臺北市龍山寺後殿所供奉之註生娘娘，中坐執筆者即是。
但漢章君攝

臺北市龍山寺後殿所供奉之池頭夫人，身傍有一男嬰即是。

但漢章君攝

臺北市龍山寺後殿所供奉之十二婆姐像。

但漢章君攝

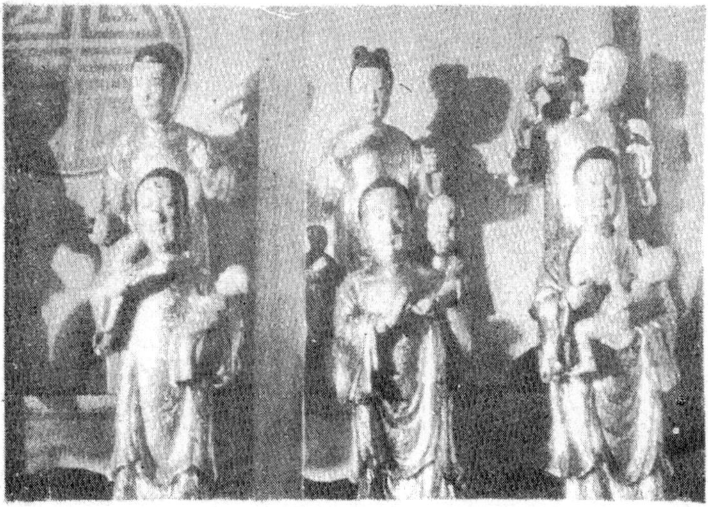

臺北市龍山寺後殿所供奉十二婆姐像一部分。

但漢章君攝

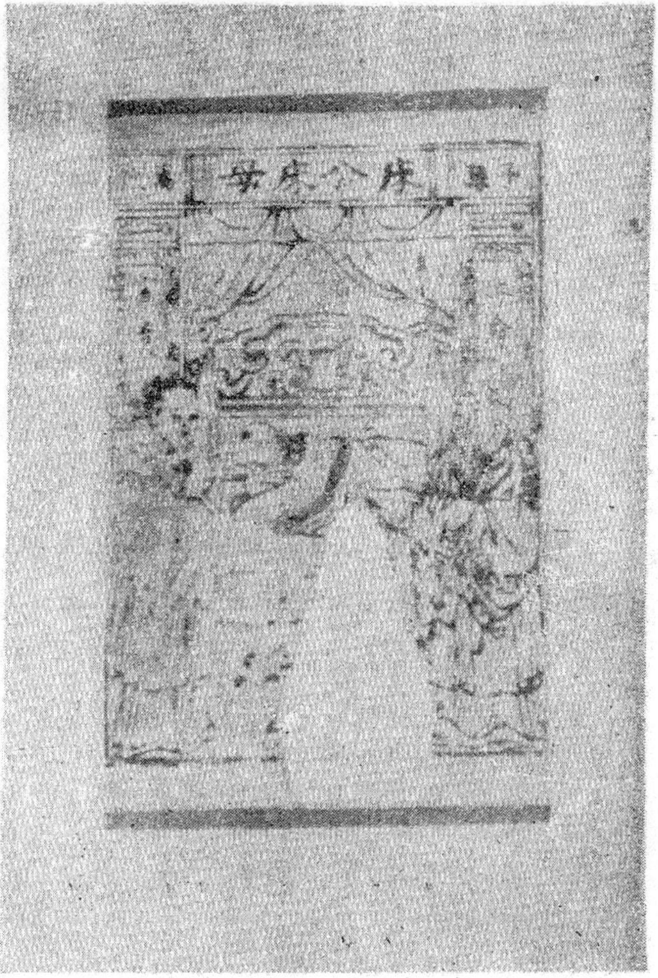

歷史博物館所藏之床公床母神禡。

但漢章君攝

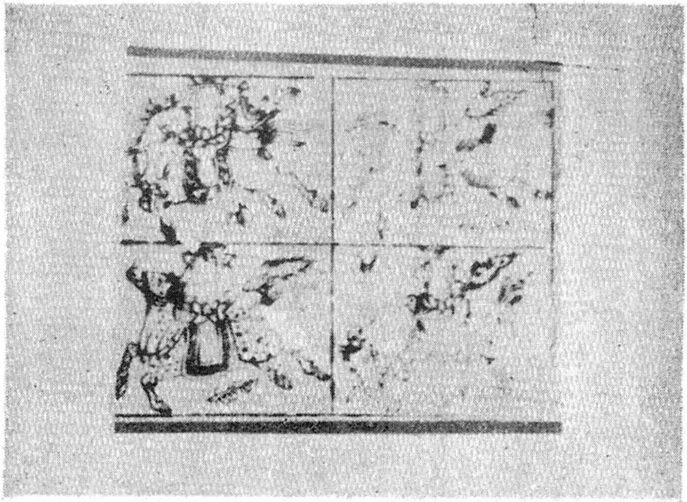

歷史博物館所藏之白馬先鋒禡小兒驚嚇，叫魂時焚之。

但漢章君攝

歷史博物館所藏之傳香花姐神禡，小兒出痘時供奉之。

但漢章君攝

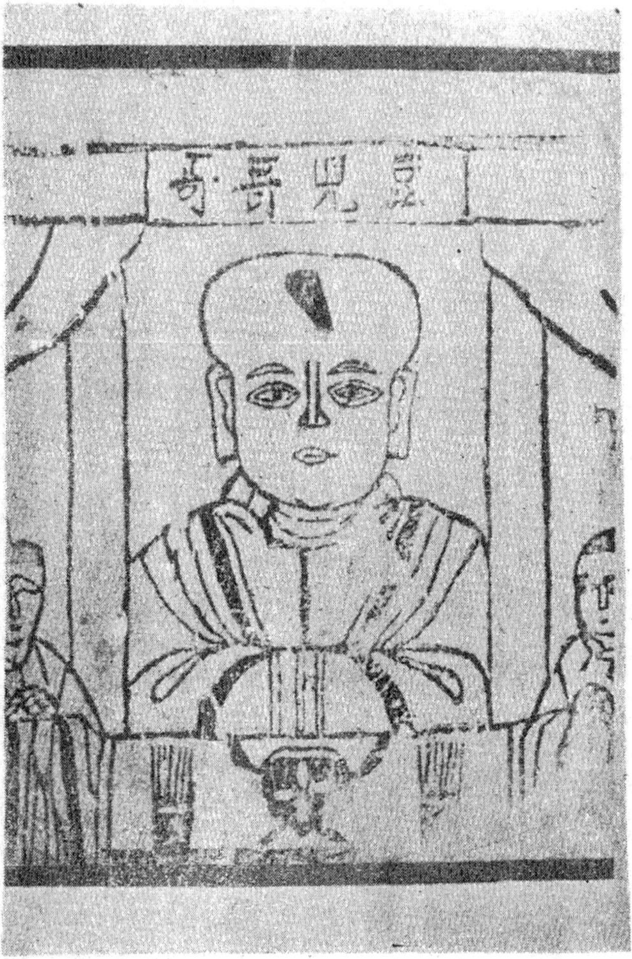

歷史博物館所藏之豆兒哥哥神禱小兒出痘時供奉之。　但漢章君攝

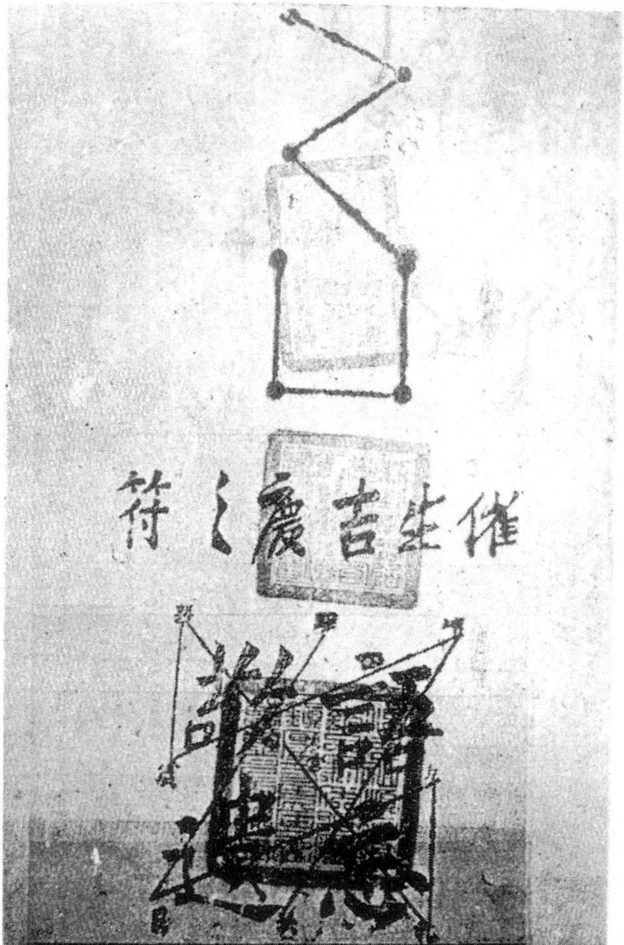

歷史博物館所藏之催生符，按唐段成式酉陽雜俎「語忘敬遺二鬼名，婦人臨產呼之不害」。

但漢章君攝

中國生育禮俗考

郭立誠

第一章　由高禖到子孫娘娘

一、緒　論

易繫辭說：「天地之大德曰生。」古人早已體察到維繫宇宙於不墜，是靠萬物生生不已的力量。孔子那樣的聖哲還說：「未知生，焉知死。」一般人那就更是只知其然而不知其所以然了。所以自遠古以來，人類對生死大故都視爲神奇不可思議，而種種宗教禮俗也由此而起。

孔子的母親徵在禱於尼山，後來誕育了孔子。禮記月令：「仲春之月，玄鳥至，以太牢祠於高禖。」禖是祈子之神，祠高禖是祈子之祭，可見祈子之俗由來已久。

祠高禖雖見於禮記，可是正式建祠禱祝，却始於漢武帝。漢書戾太子傳說戾太子生，武帝喜，爲立禖祠；那是因爲武帝多年沒有兒子，二十九歲時戾太子生，爲了答謝神明才建立禖祠的。

古今婚禮都有祝賀多子的儀式，是因爲婚姻目的在結兩姓之好，希望子秀孫賢、五世其昌，所以婚禮常常用種種方式祝賀新娘早生貴子，若是婚後好久沒有生育，必然要祈求神明，早賜麟兒，於是就有了各式各樣的祈子習俗。

胎孕產育既是延續宗族的大事，也是神奇的事，爲要誕育聰明健壯的嬰兒，就有了胎教和種種禁忌，因爲嬰兒關係宗族的興衰，父母的吉凶，所以出生的日期不好，出生時的情況特殊，這種嬰兒古人迷信就棄掉，不把它養大，這叫作「生子不舉」。

古代教育不普及，醫藥衞生都不發達，婦女生產實在是危險的事，俗說人的生日是母難之日，就是因此而起。俗傳難產而死的婦女要入血湖地獄，也和其他凶死的鬼一樣要討替求代，才能轉世。

一個嬰兒自呱呱墜地到弱冠成人，這將近二十年的保育工作至爲艱辛，千百年來作母親的只憑著口耳相傳的知識來養育嬰兒，所以有無數的迷信和忌諱，嬌養的獨子，麻煩更多。

漢代作家司馬相如小時候，父親給他起名叫犬子，意思是希望他好養活，才起個賤惡的名字，直到現在臺省農村人家還給小孩起名叫乞食、蕃薯等，仍是古老相傳的習俗，及至佛教盛行，孩童多到寺廟去寄名，乞求神佛保佑，等到關煞都過，長大成人將要結婚，才到神前了願還俗，恢復自由之身。

父系社會重男輕女，「弄璋」、「弄瓦」就有了貴賤之分，富厚人家生第一個男孩，從三朝洗兒、滿月湯餅會、到週歲試盤抓週，親友要送禮祝賀，主人也要宴請親友，雖然全國各省風俗習慣不同，然而不過大同小異而已；如今關於產育保赤的迷信和習俗已經隨著科學進步、人民知識水準提高而漸漸失傳，固然是可喜的事，然而這些事物在民俗史上仍有它的價值在，所以把這些材料整理起來，加以探討解釋。因爲，生殖崇拜實在是民俗學上一大課題的原故。

二、高禖的起源及演變

我國祈子之事最完備的記錄見於禮記月令仲春之月；「是月也，玄鳥至，至之日以大牢祈於高禖，天子親往，后妃帥九嬪御，乃禮天子所御，帶以弓韣，授以弓矢，於高禖之前………。是月也，雷始發聲………先雷三日，乃奮木鐸以令兆民曰：『雷將發聲，有不

戒其容止者，生子不備，必有凶災。』」——禮記注疏卷十五第八頁

這一段記錄極有價値，因爲祈子的儀式、時間、與祭人物、祭品以及禁忌都一一記載，其中可研究的問題有三個：

1.高禖爲誰？是天神還是人鬼？

2.爲什麼要在玄鳥至的時候祠高禖？

3.爲什麼要「帶以弓韣，授以弓矢」？

漢代經生對這三個問題都有詳細的解釋。

1.高禖爲誰？鄭玄注：「玄鳥燕也，燕以施生時來巢人堂宇而孚乳，嫁娶之象也，媒氏之官立以爲候，高辛氏之世，玄鳥遺卵，娀簡狄吞之而生契，後王以爲媒官嘉祥，而立其祠焉，變媒言禖，神之也。」

蔡邕章句云：「高禖祀名也，高猶尊也，禖者所以祈子孫之祀也，天子所御謂后妃以下王妾御者，韣弓衣也，祝以高禖之命，飮以醴酒，帶以弓衣，尙使得男者也。」

由這兩段話我們可以知道：鄭玄認爲高禖是高辛氏，蔡邕認爲高辛氏以前就有了禖神，但沒有說明禖神是誰。

唐孔潁達禮記疏綜合鄭、蔡兩家之說，加以解釋，認爲高辛氏之前就有了先媒，因爲簡狄玄鳥之異，後王就廢先媒祀高辛。他說：

「……生民及玄鳥，毛詩傳云：『姜嫄從帝而祠於郊禖。』又云：『簡狄從帝而祈於郊禖。』則姜嫄、簡狄之前先有禖神矣。而此注（此注卽鄭玄注）立爲禖神，是高辛氏已前未有禖神，參差不同者。鄭志焦喬答王權云：『先契之時必自有禖氏祓除之祀，在於南郊；蓋以玄鳥至之日祀之矣，然其禋祀乃於上帝也，娀簡狄呑鳳子之後，後王爲媒官嘉祥，祀之以配帝，謂之高禖。』據此言之則郊禖之祭，契已前祭天南郊，以先媒配之，故謂之郊禖，至高辛氏旣有簡狄之異，後王以是爲媒官之嘉祥，卽以高辛之君立爲禖神以配天，其古昔先媒則廢之矣，高辛氏配之後謂之高禖。」

又說：「按周禮媒氏職，注媒之言謀也，謀合異類使和成者，但不知初爲媒者其人是誰，按世本及譙周古史，伏羲制以儷皮嫁娶之禮，旣用之配天，其尊貴先媒當是，伏羲也。」

這三個人的說法不同，並無定論，據我個人的意見，禖神就是禖神，不論高辛氏也好、伏羲氏也好都是傳說。禖神旣是祈子之神，也就是司生育之神，通常各民族傳說的司生育之神有兩種形態，一種是男性，原始民族皆有生殖崇拜習俗，最原始者卽膜拜石或木製之男根。另一種爲女性，多象徵嫗育羣生的母親；所以，或許我國古代祈子所祭的禖神就是搏土爲人的女媧氏，理由以後再詳加說明。

2.古人爲什麼要在玄鳥至的時候祈子？這由詩經裏許多祝賀新婚的詩可以找出解答。例如東山之詩：

「倉庚于飛，熠燿其羽，之子于歸，皇駁其馬。」

而桃夭亦云：「桃之夭夭，其葉蓁蓁，之子于歸，宜其家人。」

它們所寫的婚禮都在春天擧行，就因爲春天是萬物生長之期，關關雎鳩唱出求偶的歌聲，燕子双双在梁上育雛，青春的男女戀情也在此時達到高潮，政令不禁奔者，戀愛的最後目的是結婚，是成家授室，生兒育女；爲祈求麟兒，祭禖神也就要在春天了。

3.爲什麼要「帶以弓韣，授以弓矢」？禮記內則篇說男子生則懸弧於門左，所以明將有射事；祈，也要授以弓矢，意在祈求生男，後人以爲男兒志在四方，有捍衞王室之責，所以用弓矢表男子之祥。據我個人的揣測，用韣和弓矢來祈求生男也是經過演變而成的禮俗，最初的矢或許是男子的性徵，後人以爲不够雅馴，才改爲弓矢，解釋爲將有射事而已。

約畧說來我國祈子之祀曾經過好多次的演變，最初爲先媒，也就是郊禖或高禖，旣而又加入南國神話的九子母（卽楚辭天問篇中的女歧），等到佛教傳來，印度的訶帝利母故事也隨之同來（就是鬼子母），唐宋人皆祀之，最駭人聽聞的就是自北朝以來居然有到孔子廟裡去求子的，唐封演封氏聞見記卷一：「……流俗婦人多于孔廟祈子，殊爲褻慢，有露形登夫子之榻者，後魏孝文詔孔子廟不許婦人雜沓，祈非望之福，然則鄙俗所爲有自來矣」（學海類編本）由這段紀錄看來後魏孝文旣已下詔禁止，可見此事必然很風行而且由來已久，還有所謂「露形登夫子之榻」的祈子儀式當時官府怎會允許在孔子廟裡公然擧行，也是大爲可怪的事。其後有祀張仙的、有祀送子觀音的，北方人向碧霞元君或子孫娘娘求子，南方人向媽祖、觀音求子，還有保產育嬰諸神如牀公牀母、臨水夫人、金花娘娘、痘疹娘娘等越加越多，當依時代先後分別敍述於後

三、歷代祀高禖的情形

詩經生民和玄鳥兩篇都談到祈子的事；生民篇說：「時維姜嫄，生民如何，克禋克祀

，以弗無子，履帝武敏歆，攸介攸止，載震載夙，載生載育。」鄭注、孔疏都說姜嫄能誠敬的祈於郊禖之神（「弗」即「祓」，祈求除去無子之疾），上天立即出現神蹟，地面出現了一個大腳印，她踐踏了那個腳印，恍忽如有所感，於是她懷了孕，十月滿足生下一個男孩，就是周的遠祖后稷。

魯頌閟宮篇也談姜嫄的故事；「閟宮有侐，實實枚枚，赫赫姜嫄，其德不回，上帝是依，無災無害，彌月不遲，是生后稷。」毛傳引孟仲子的話，說閟宮即禖宮，因「禖」，「閟」爲一聲之轉。清成瓘篛園日札卷八春暉載筆高禖之祀條談到有人認爲月令是呂不韋所著，疑是秦法。成氏認爲高禖之祀時代很古，又引古逸王居明堂禮亦云：「祀之禖下，其子必得天才。」（古逸禮三十篇出孔壁中）爲證。

玄鳥篇沒有生民篇那樣詳細，只說：「天命玄鳥，降而生商。」鄭注就寫出整個故事：「春分玄鳥降，湯之先祖有娀氏女簡狄配高辛氏帝，帝率之祈于郊禖而生契。」又說：「玄鳥遺卵，簡狄呑之而生契。」

由此可見祀高禖祈子本是古代通行的習俗，簡狄姜嫄旣祀高禖而生聖子，各作了商周開基之祖，於是祀高禖就成了帝王家的祈子大典，從此老百姓求子，只好另拜其他的神。

可是帝王家祀高禖並不是年年舉行，通常皇帝即位很久，太子仍未誕生，爲怕無人繼承大統，才去祈祀高禖。我只根據通典和續通典列了一個表，不再詳述。皇清通典沒有祀高禖的記錄，大概明嘉靖九年、十一年曾先後祀高禖是歷史上最後的兩次（見明會要），從此就廢止了。

皇家祀高禖的典禮如何？高禖壇形式如何？前後漢書裏沒有詳細的記載，太平御覽卷五百二十九方有晉東晳高禖壇石議條，內容是：

「元康六年高禖壇上石破爲二段，詔書問置此石來幾時，出何經典，今應復不？博士議禮無高禖置石之文，未知造設所由，既已毀破，無可改造設。高辛氏有簡狄吞卵之祥，今此石有吞卵之象，蓋俗說所爲而史籍無記，可但收聚復於舊處而已，太常以爲吞卵之言蓋是逸俗之失義，因今毀破便宜廢除，下四府博士議，賊曹屬東晳議夫未詳其置之故，而欲必其可除之理，理不可，然按郊祀志秦漢不祀高禖。漢武帝五子傳：武帝晚得太子，始爲立禖，其事未之能審，許愼五經異說云：山陽民祭皆以石爲主，然則石之爲主由來尙矣，而祭禮龜策祭器弊則埋之而改置新，石今破則宜埋而更造，不宜遂廢，收集破石積之故處於禮無依、於事不肅，思所未安也。時公卿從太常所處此議不用，其後得高堂隆故事，魏青龍中造立此禮，詔書更鐫石令如舊，置高禖壇上，埋破石入地一丈。」

這段記錄很完全，可惜的是禖壇石形狀如何，寫得過於含混，只說：「今此石有吞卵之象。」什麼是「吞卵之象」？是不是石刻簡狄吞卵像，那就不得而知了。

高禖壇的形狀，御覽卷五二九也有記載：

「隋書禮志曰：『梁太廟北門內道西有石文如竹葉，小屋覆之，宋元嘉中修廟所得；陸澄以爲孝武郊禖之石，然則江左亦有此禮矣。後齊高禖爲壇於南郊傍廣輪二十六尺高九尺，四陛三壇。」

明史卷四十九禮志吉禮三，記嘉靖時祀高禖的情形很簡略，續文獻通考和明會要則很詳細。

「嘉靖九年，青州儒生李時颺請祀高禖，以祈聖嗣，禮官覆以聞，帝曰：『高禖雖古禮，今實難行。』遂寢其議。已而定祀高禖禮，設木臺於皇城東永安門北，震方臺上設皇天上帝南向，騂犢蒼璧獻，皇帝配西向，牛羊豕各一，高禖在壇下西向，牲數如之，禮三獻，皇帝位壇下北向，后妃位南數十丈外北向，用帷壇下，陳弓矢韣，如后妃嬪之數。祭畢，女官導后妃嬪至高禖前跪，取弓矢授后妃嬪，后妃嬪受而納於弓韣。」——明史卷四

十九、五五七頁。

明代祭高禖儀式是當時禮部所定，未必合於古禮。祀高禖的日子據明會要卷八禮三記載是嘉靖九年十二月二十四日（夏言時充任祈嗣醮壇監禮使），完全違反仲春之月玄鳥至，祀高禖的本義了。

祀高禖表（據圖書集成禮儀二四一高禖祀典部彙考）

時代	事蹟	備註
漢武帝乙年	始立禖祠于城南	漢書武帝本紀不載按隋書禮樂志漢武年二十九乃得太子，甚喜，爲立禖祠於城南
後漢以仲春之月	祭高禖	按後漢書禮儀志仲春之月立高禖祠於城南，祀以特牲。
魏明帝青龍乙年	立石於禖壇	按三國魏志明帝本紀不載，按杜佑通典魏禖壇有石，青龍中造，許慎云山陽人以石爲主
晉惠帝元康六年	禖壇石破詔更鐫之如舊制	按晉書惠帝紀不載，見隋書禮樂志。

北齊立禖壇於南郊	郊以春分日親帥六宮祀之	按隋書禮樂志後齊高禖爲壇於南郊每歲春分元鳥至云日皇帝親帥六宮祀青帝于壇以太昊配而祀高禖之神以祈子。
隋制亦以春分祀	高禖	按隋書禮樂志隋制亦以元鳥至之日祀高禖於南郊牲用太牢一。
唐制以元鳥至之	日祀高禖	按杜佑通典唐月令亦以元鳥至之日以太牢祀於高禖天子親往。
宋仁宗景祐四年二月	置青帝像于宮中始設高禖之祀以祈皇嗣	見宋史仁宗本紀及禮志，（以殿中侍御史張奎言）
宋仁宗寶元二年	以皇子生報祀高禖	按宋史仁宗紀寶元二年八月甲戌皇子生辛巳命輔臣報祀高禖
宋仁宗慶曆元年春正月	壬申詔以春分祀高禖	見宋史仁宗本紀
宋仁宗慶曆三年	詔高禖壇仍如景祐之制	按宋史本紀不載，見福志慶曆三年太常博士余靖言皇帝嗣續未廣，不設矢弓韣非是，詔仍如景祐之制。
宋仁宗皇祐三年九月四日	詔禖壇徙爽塏之地	按宋史本紀不載，見玉海。
宋仁宗皇祐四年六月	命詳定禖壇之所	按宋史本紀不載見玉海皇祐四年六月十四日禖壇徙郊壇東南。

宋仁宗嘉祐二年五月	甲申徙禖壇于南郊壇東	按宋史本紀不載，見玉海
宋神宗熙寧二年	以皇子生報祀高禖，改配食之制。	按宋史本紀不載，見禮志
宋神宗元豐四年	詔廣禖壇之制。	按宋史本紀不載，見體志
宋哲宗元祐三年	改定高禖牲俎	按宋史本紀不載，見禮志
宋徽宗政和三年	五禮新儀成重定高禖祀典	按宋史徽宗本紀政和三年四月庚戌班五禮新儀
宋高宗紹與元年	趙子晝請復行高禖之祀	按宋史本紀不載，見禮志及文獻通考，
宋高宗紹與二年	禮官上高禖儀注	按宋史高宗本紀不載，見玉海
宋高宗紹與三年	趙霈請御製高禖祝辭	按宋史高宗本紀不載見玉海，紹與三年正月博士趙霈請宸翰製祝辭以代親祀
宋高宗紹與十二年	十二月議禖壇制度	按宋史高宗本紀不載，見玉海

宋高宗十六年八月辛丑	築高禖壇	見宋史高宗本紀，按文獻通考
宋高宗紹興十七年二月	乙巳親祀高禖	按見宋史本紀及禮志紹興十七年車駕親祠高禖如政和之儀二月三日上親祠高禖以普安郡王爲亞獻恩平郡王爲終獻。
宋高宗紹興二十三年三月	已未校書郎董德元請高禖與青帝分爲二壇禮官請如舊制	按宋史本紀不載見玉海
金章宗明昌六年二月	已未始祭高禖	按金史章宗本紀云。
金章宗承安元年二月	甲子命有司祀高禖	如新儀按金史章孫本紀云
金章宗承安二年	祀於高禖	按金史章孫本紀承安二年五月皇子生六月乙之命禮部尚書張暐祀。
報明世宗嘉靖乙年	始有事於高禖壇	

四、女媧

在古籍記載裏，女媧本是半神半人的人物，傳說她和伏羲一樣，都是人首蛇身，在北方相傳他們兄妹爲婚，是人類之祖，就和西南各省信盤古是他們的始祖一般。

關於女媧的事蹟，正統史家如唐司馬貞的補史記三皇本紀記載不够詳細，只談及她煉石補天，立四極止滔水和製笙簧諸事，凡是怪誕不雅馴的都沒有談，可是別史、雜史裏却留下一部分事蹟。東漢武梁祠石刻和東漢應劭風俗通裏說她曾「禱祠神祈，而爲女媒，因置昏姻。」又說：「俗說天地開闢未有人民，女媧摶黃土作人，務劇力不暇供，乃引繩於泥中，舉以爲人；故富貴者黃土人，貧賤凡庸者絚人也。」——全漢文卷三十六。

她既有「爲女媒，置昏姻」和「摶黃土作人」的傳說，和婚姻產育有關，所以黃河流域凡建有女媧廟的地方，居民常常到女媧娘娘那裏去求子，淸凌揚藻撰蠡勺編，卷二十九女媧廟條：

「俗訛女媧爲婦人久矣，按康熙壬申太常卿金德瑛奉命祭歷代帝王陵寢使還，上疏曰；『臣見女媧陵前寢宮中塑女像，帝侍嬪御，鄉愚奉爲求嗣之神，等諸淫祀……。』」——四八〇頁。

按女媧陵在山西省趙城縣，據古今圖書集成說：

「媧皇廟在東門外五里許侯村里，宋開寶元年創建，元大德間重修，明洪武三年遣官賫金香盒一個重十六斤，命有司常加修理，以附近人戶看守，春秋有司祭，每三年遣官致祭，歷代改元，俱遣官祭，有碑文存焉，金香盒被流賊刼去無存。皇清順治八年，康熙七、十五、二十一、二十七、三十五、三十六、四十二年俱遣官致祭，知縣徐容督修。又臨汾、太平、蒲縣、靈石、聞喜等處皆有廟。」——職方典三一九，平陽府彙考，祠廟考上之四，趙城縣。

臺省俗傳九天玄女卽女媧，不知何據，也沒有向她求子的。

五、九子母和鬼子母

戰國策趙策：「昔者鬼侯、鄂侯、文王，紂之三公也，鬼侯有子而好，入之於紂，紂以爲惡，醢鬼侯。」

史記魯仲連傳：「九侯有子而好，獻之於紂，紂以爲惡，殺九侯。」

這兩段記的是同一事件，文字雖然稍有不同，却並非傳聞之誤，實在是因古音「鬼」「九」通用，因此唐宋以來就把「九子母」和「鬼子母」混爲一談，其實「九子母」與「鬼子母」根本是兩個來源。

「九子母」之名初見於楚辭天問篇：「女歧無合夫，焉取九子？」王逸注：「女岐神女，無夫而生九子也。」王氏已把女歧傳說寫出一個大概，「無夫而孕」的傳說，是各古代民族幾乎都有的。女歧大約是楚國流行的神話，所以才用來作壁畫題材。漢書成帝紀：「孝成皇帝元帝太子也，母曰王皇后，元帝在太子宮生甲觀畫堂。」唐顏師古以爲「甲」是甲乙丙丁之次，「畫堂」不過畫飾而已，不一定畫九子母。宋朱翌猗覺雜記：「應劭漢書成生甲觀畫室，云畫九子母，不知佛自後漢方入中國，安得元帝時已有九子母也，其陋可笑。顏師古雖破其說，不及此論。」

明周嬰巵林卷三，七十六頁九子母條：「……據此新仲（朱翌字新仲）所云是也，但自佛敎東來，後漢時翻譯尙寡，亦無九子母之說，此宋涼以後妖僧僞爲其名耳。且九子母鬼也，帝寢皇宮豈宜畫寫鬼魅乎？按列女傳魯有九子之母，敎兒造次於禮，魯人以爲母師，甲觀既燕閒內寢，后妃所居，則畫九子者取蕃育之義，畫其母者取禮法之宗，亦何足怪乎？仲遠之時去西京未遙，其博學多聞於漢家故實，必有傳記，未可遽謂之臆說也。」

由顏師古、朱翌二人意見看來，都不承認西漢時有九子母，周嬰又用列女傳故事來解釋，未免受儒家傳統影響，失之迂濶，其實周氏的說法「甲觀燕閒內寢后妃所居，則畫九子者取蕃育之義，畫其母者取禮法之宗。」這句話前半「畫九子取蕃育之義」是對的，後半「畫其母者取禮法之宗」就不對了。因爲西漢自文帝以來就信神仙，勤祈祀，武帝尤其迷信，由漢書郊祀志的記載裏，漢朝皇家對於全國各地通行的雜祀幾乎全部接受，當然也會接受楚人所信的九子母，所以后妃所居才畫九子母以求蕃育。周氏又說：「且九子母鬼也，帝寢皇宮豈宜畫鬼魅乎?」這話是由於不了解漢代習俗。漢人壁畫石刻，取材極爲駁雜，譬如武梁祠石刻有伏羲女媧人首蛇身作交尾形的畫面，又漢書敍傳記皇帝御屏風上畫紂醉踞妲己，作長夜之樂；可見漢人決不像宋以後的人那樣道學，宮庭壁畫畫些民間傳說，以九子母預祝后妃多子宜男也是常情，不足爲奇。

至於鬼子母的來源如何?何時才和九子母混淆爲一，也是値得硏討的問題。鬼子母是佛敎「諸天」之一，本名訶利帝，譯曰歡喜，大藏經裏有佛說鬼子母經一卷，失譯人名，又有唐不空譯訶利帝母眞言經一卷、大藥叉女歡喜母並愛子成就法一卷、冰揭羅天童子經一卷都是講鬼子母故事和祈求出產而修的密法。

鬼子母故事是：「往昔王舍城中有獨覺佛出世，爲設大會，有五百人各飾身共詣芳園，途中遇懷妊牧牛女持酪漿來，勸同赴園，女喜之舞蹈，遂墮胎兒，諸人等捨之赴園內，女獨止而懊惱，便以酪漿買五百菴沒羅果，見獨覺佛來女傍，頂禮而供養之，發一惡願曰：『我欲來世生王舍城中盡食人子。』由此惡願捨彼身後爲王舍城娑多藥叉長女，與犍陀羅國半羅藥叉長子半支迦藥叉婚，生五百兒，特其豪强，日日食王舍城男女，佛以方便隱鬼女一子，鬼母悲嘆求之，知在佛邊。佛曰：『汝有五百子，尚憐一子，況餘人但有一二耶？』乃教化之，授五戒爲鄔波斯迦。鬼女曰：『今後無兒可食！』佛曰：『勿憂；於我聲聞弟子每食次呼汝及兒名皆使飽食，汝於我法中勤心擁護伽藍及僧尼。』鬼女及兒皆歡喜。」——見毘奈耶雜事三十一。

鬼子母皈依佛教之後，就成了兒童保護神，唐玄奘的大唐西域記：「迦膩色迦王伽藍東北行五十餘里，渡大河至布色羯邏伐底城……西北行有窣堵波是釋迦如來於此化鬼子母，令不害人，故此國俗，祭以求嗣。」

可見向鬼子母祈嗣是由印度傳來的，中國書籍正式記載向其求子的事是宗懍的荆楚歲時記：「四月八日諸寺各設香湯浴佛，共作龍華會以爲彌勒之徵；而長沙寺閣下有九子母神，是曰市肆之人無子者供養薄餅以乞子，往往有驗。」

這段記事不但有日期、有地點，而且寫明祈子用的特殊供品。此「九子母神」既在寺閣下，該是印度的鬼子母，足見此時九子母與鬼子母已經混淆爲一，唐宋人著作從此就「九」「鬼」不分了。

段成式酉陽雜俎續集卷五記：「長安光明寺中鬼子母及文惠太子塑像擧止態度如生，工名李岫。」又清葉昌熾語石卷五：「唐巴州化城縣有二刻，其一文德元年釋迦牟尼等佛六十一身，又更䊸鬼子母佛兩座，其一光啓四年功德八龕二百五十身，內有西方變像及鬼子母一座。」

按南北朝及唐宋的佛教徒常捐貲造像寫經來還願祈福，造像之中有鬼子母，足見流傳極爲普遍。又因流傳普遍，「九子母」就成了開頑笑的口頭語：

「唐任瓌畏妻，杜正倫譏弄之，瓌曰：『婦當畏者三，少妙之時如生菩薩，及兒女滿前如九子魔母，至五六十時傅施妝粉或靑或黑如鳩槃茶。』」——太平廣記卷二四八。

宋陸游老學庵筆記卷十：「錢穆父風姿甚美，有九子，都下九子母祠作一巾紵美丈夫坐於西偏，俗以爲九子母之夫，故都下謂穆父爲九子母夫，東坡贈詩云：『九子羨君門戶壯。』蓋戲之也。」

這段是拿美男子開玩笑的故事，却也證明北宋時九子母祠仍然很多，而且在祠中添塑九子母丈夫的情形。宋以後祠鬼子母祈子的事日見稀少，但鬼子母故事依舊流傳民間，燈花菩薩和明人所寫的四遊記華光菩薩出世裏吉芝陀聖母吃陂娥都由訶利帝母故事演變而來。

北方流行的圖案用桃子象徵長壽，用石榴象徵多子；據說當年如來收伏鬼子母，禁止她再去吃人，她說沒東西可吃，如來就運大神通，化成石榴果給她吃，因爲石榴肉紅紅的和人肉一樣；後來石榴也因此成爲多子多男的吉祥符號了。

六、牀公牀母

唐宋以來，不論宮庭或民間都相信有牀公牀母這一双保佑房幃的神，婚禮新郎新娘入洞房時要拜牀公牀母，婦女生產、兒童出疹出天花時也要祭牀公牀母，每逢年底照例要在臥室裏祭他們。唐段成式酉陽雜俎卷十五有一段故事：

「劉積中常於京近縣莊居，妻病重，於一夕劉未眠，忽有婦人白首，長纔三尺，自燈影中出，謂劉曰：『夫人病，唯我能理。何不祈我?』劉素剛，咄之，姥徐戟手曰勿悔勿悔，遂滅，妻因暴心痛殆將卒，劉不得已祝之，言已復出，劉揖之坐，乃索茶一甌向口如咒狀，顧命灌夫人，茶纔入口，痛愈。後時時輒出，家人亦不之懼，經年復謂劉曰：『我有女子及笄，煩主人求一佳壻。』劉笑曰：『人鬼路殊，固難遂所託。』姥曰：『非求人也，但爲刻桐木爲形，稍工者則爲佳矣。』劉許諾，因爲具之，經宿人失矣。又謂劉曰：『兼煩主人作鋪公鋪母，若可，某夕我自具車輪奉迎。』劉心計無可奈何，亦許之……。」

這段所說的「鋪公鋪母」雖不能武斷地說就是牀公牀母，但至少唐人婚禮裏是有「鋪公鋪母」的。這「鋪公鋪母」不知是人是神？（故事裏新郎是桐木刻的，鋪公鋪母也是木刻的，桐木人既成了妖怪的女壻，木刻的鋪公鋪母大約也成了眞人）。又酉陽雜俎續集卷四：「禮婚禮……至於奠雁白鵝，稅纓曰合髻，見燭舉樂，鋪母卺童，其禮太紊雜。」據我個人推想：唐人婚禮中的「鋪公鋪母」大概就和近代北方婚禮要請四位全福太太來縫新婚用的被褥，到婚禮前夕再請全福太太來鋪床一樣，不過是請一對福壽雙全多子多孫的老夫婦來鋪床，因此稱爲「鋪公鋪母」。

可能後來由活人擔任的「鋪公鋪母」廢止了，存在於冥冥之中的「牀公牀母」代之而起。宋人筆記裏有一段記宮庭祭牀婆的事：

「曾三異同話錄崔大雅在翰苑，夜直玉堂，忽降旨令撰祭牀婆子文，惘然不知格式，邀周丞相問之，云亦有故事，但如常式，皇帝遣某人致祭於牀婆子之神曰汝司牀簀云云。按此但言牀婆，未及牀公，逮閱楊循吉詩有云買餳迎灶帝，酌水祀牀公，知牀公亦爲宋世所祀。」——翟灝通俗編卷五、六十頁。

由這段記錄，證明牀神被宮庭民間一致崇奉，年例要祭祀，日期雖沒有記載，但由楊循吉「買餳迎灶帝，酌水祀床公」這兩句詩看來，大約祭祀日期和祭灶神一樣，都在年尾。

後來明清人婚禮有新郎新娘同拜牀公牀母這個節目。譬如醒世姻緣傳裏就談到過。曾朝東著臺灣婚俗談第九章七十一頁也說結婚前數日「安牀」，那天夜裏要拜床母（曾書說俗信床母是守護生兒的床神），可見本省鄉間直到如今仍然要拜牀母。

婚禮拜牀公牀母，是希望保佑新婚夫妻從此魚水和諧，姻緣美滿，續娶塡房更要拜牀公牀母，希望默佑死去的前妻鬼魂不要來干擾新夫婦。等到婚後生了小孩，就在產房裏設牀母的神位來祭拜，是感謝她保佑母子平安。（北平是小孩出生後第三天——「洗三」的日子——用缸爐、槽糕來祭）。

究竟床公床母是什麼人呢?一直沒有答案;可是從前我在北平調查東嶽廟時,廟中正院西配殿名廣嗣殿,殿中供奉九天監生明素眞君及九天衞房聖母元君,據廟裏道士說那就是床公床母。床公床母是周文王夫婦,因爲相傳文王有一百個兒子。

七、送子張仙

保佑生育的神大多數是女神,只有張仙是男神;普通北方人家供奉張仙多在內室,一般都是畫像,少有雕像或塑像的。張仙是一位巾幘綉袍的美丈夫,手執金弓、銀彈,作執弓欲射姿式,在畫像左上角畫著雲端裏有一隻天狗,圍繞在他身邊有五個男孩,有些還畫著一隻麒麟,意思是麒麟送子、五子登科。供奉張仙的事我記得很清楚,因爲我的八姨母婚後生了兩個男孩,不久都夭折了,以後再也不生產,她的婆婆尤爲著急,吃齋許願拜張仙,什麼辦法都想到了,仍然抱不到孫子,直到後來姨丈娶妾才生了一個男孩。小時候到她家去玩,看見八姨母臥室外間屋供著張仙,除了一般香燭祭品,還有一個小碟子裏面放著五個用濕麵揉成的小圓球,大小和桌球一樣,據說是喂天狗的,因爲天狗會傷害嬰兒。

民俗雜誌第四十一、四十二期合刋有商承祚廣州市人家的神:「……進了住房,若是有小孩子的人家，他的棹底下必定供一阿婆神………。床沿前的一張供桌供一張仙，其像作彎弓射天狗，下畫四五個小孩子，取其送子的意思。上額爲『添丁發財』，聯曰：『天賜麟兒憑司馬；花生貴子賴仙官。』或『多福多壽多男子；曰富曰貴曰康寧。』中懸一琉璃燈，每於晚間燃之，名曰添丁燈。」可見南北供奉張仙的方式是差不多的。

張仙是誰？說者不一。清代學者有好幾位的著作裏都談到過，我們把最完全、最合理的說法介紹出來。

朱彝尊曝書亭集卷　十九有重修張仙祠碑條：「吳越之俗，祈子者必禱乎張仙之祠，或曰文昌星所化也，或曰孟昶既亡，蜀宮人費氏所謂花蕊夫人者入掖庭私畫昶像以祀，宋太宗問之，詭以張仙可祈子爲對。之二說皆非是。按神諱惡子，生於越嶲，姚萇至蜀，憩梓潼嶺，神衣布衣道傍語萇曰：『秦人將無主，康濟其在君乎！宜亟還秦。』請其氏，曰：『吾張惡子也。』萇既稱帝長安，命使入蜀求之勿獲，遂立廟梓潼嶺上，唐僖宗幸蜀，神自廟中出十里餘，白霧中髣髴見列伏狀，僖宗脫佩劍賜之，王鐸蕭遇咸賦詩刋石，而李商隱詩亦載神以鐵如意贈萇事，蜀人俎豆不絕，比之射洪灌口，號爲三神，是則蜀之人無不祀仙者，花蕊夫人所畫實仙，非昶象也。考仙卽梓潼神，世乃分而爲二，又以梓潼神爲文昌星神號於是失辨矣。月令仲春之月玄鳥至，以太牢祠於高禖，王居明堂禮曰帶以弓韣，禮之禖下；今世俗祀仙，多於二月之朏，仙之象手弓而立，殆取高禖授弓矢之義，高禖廢而仙之祀舉焉，其亦未遠乎禮者也。里有祠將圮，道士募錢修之，工既畢，宜有記，乃撫仙遺事刻于石。」——五二九頁。

趙翼陔餘叢考卷三十五張仙條：

「……按高青邱有謝海雲道人贈張仙像詩云：『余未有子，海雲以此像見贈，蓋蘇老泉嘗禱之而得二子者。因賦詩以謝云：道人念我書無傳，畫圖卷贈成都仙，云昔蘇夫子建之玉局禱甚虔，乃生五色兩鳳鶵，和鳴上下相聯翩。則此像本起於蜀中，閨閣祈子，久已成俗，是以花蕊夫人攜以入宮，後人以其來自蜀道，轉疑其爲孟昶像耳。按蘇老泉集有張仙贊，謂張名遠霄，眉山人，五代時遊青城山成道，陸放翁答宇文使君問張仙事詩，自註云：『張四郎常挾彈視人家有災者輒以鐵丸擊散之。』……續通考云：『張遠霄一日見老人持竹弓一、鐵彈三來質錢三百千，張無靳色，老人曰：「吾彈辟疫，當寶用之。」後老人來，遂授以度世法，熟視其目有兩瞳子。越數十年，遠霄往白鶴山，遇石像名四目老翁，乃大悟知前老人也。眉山有遠霄宅。』……是蜀中本有是仙，今所畫張弓挾彈乃正其平生事實，未知何以爲祈子之祀。」

由朱、趙二氏之說得到兩個答案：

一、張仙爲誰有四說。

1.文昌星

2.孟昶

3.張惡子——梓潼帝君

4.張遠霄

二、張仙之祀起源於四川，宋以後才漸漸傳到全國的。

在臺灣家庭裏不知道有沒有供奉張仙的習慣。U. R. Burkardt 所寫的 Chinese Creeds & Customs 卷一，一六四頁談到張仙，一六五頁有一幅張仙像，不知是在那裏採集來的，和一般張仙畫像不同，因爲他瞄準要射的不是天狗，而是有翅膀的飛鼠，張仙腳邊還有兩隻双尾巴貓，這根據什麼故事傳說，書中解釋不够清楚，只說那鼠和張果有關，它象徵了財富，我們也無法考究其所以然了。

八、送子觀音

觀音在一般人心目中是妙相莊嚴的女神，她大慈大悲，聞聲救苦，靈蹟昭著。由於香山寶卷的傳播，人們都熟悉妙莊王三公主出家的故事，元明戲曲裏常用「觀音」來形容美女，美女也用觀音作名字，婦女們崇信尤爲虔誠。

觀音是妙莊王三公主的故事初見於元人著的三教搜神大全，可見觀音是女神的觀念在元朝以前已經形成。吳承恩西遊記裏一再寫觀音救助孫悟空的故事，並稱之爲「觀音老母」；這證明明代人已經視觀音爲慈悲博愛的母性之神。

觀音保護產育和兒童的看法是由於觀音是女人得道的緣故，因此女人最崇信她，而女人最嚴重的事是生產，最關心的是自己的孩子，觀音聞聲救苦，女人在危難的時候禱念觀音聖號，就會得救；這類故事最早見於南宋洪邁的夷堅志。

清趙翼陔餘叢考卷三十四：

「觀音像：夷堅志：『許洄妻孫氏臨產危苦萬狀，默禱觀世音，恍惚見白氅婦抱一金色木龍與之，遂生男。………又徐熙載母程氏虔奉觀音，熙載舟行將覆，呼菩薩名得免。

既歸，母笑曰：「夜夢一婦人抱汝歸，果不妄。」

由江南直到閩、粵、臺灣都相信送子觀音，所以沒有兒女的人要到觀音廟裏去偸佛桌上供奉的蓮燈，或偸佛座下放著的觀音穿的綉鞋，生了兒女怕長不大，就送到觀音廟裏去寄名。臺灣民間稱觀音爲「觀音媽」，就是表示親近之意，視觀音如同慈祥的祖母一樣。

據記風土的書和北方民間習俗看來，北方很少把觀音奉爲保護嬰兒和產育的神，是因爲北幾省崇奉碧霞元君的原故。

九、碧霞元君與子孫娘娘

碧霞元君是黃河流域最有權威的女神，她幾乎是全知全能的，所以北方各省都稱她作「娘娘」而不名，就和臺省崇拜媽祖一樣。

關於碧霞元君的來歷，通常都認爲她是東嶽大帝之女，宋代才封爲天仙玉女碧霞元君。羅香林先生有妙峯山與碧霞元君一篇論文，考證非常精詳，似乎不必疊床架屋再費筆墨了。

崇奉碧霞元君本是因崇奉東嶽齊天大帝而起，可是後來附庸蔚爲大國，甚至後來居上，慢慢地東嶽大帝的香火冷落了，碧霞元君幾乎壟斷了黃河流域人們的信仰，除了關聖帝君外沒有一位神祗能和她分庭抗禮的。碧霞元君是一位女神，照理說她最知道女人的痛苦，也最同情女人，所以婦女祈子、祈求生產平安、祈求兒女長壽好養活都去求她。

碧霞元君的本宮在泰山，明代每年到了香火季，在廟裏設官收香稅，是一筆可觀的收入，除了香稅還有善男信女喜捨奉獻的東西，奉獻的東西裏以金銀打造的「娃娃」爲最多，這些「娃娃」都是向她求子得獲麟兒的信士獻上還願的。

清初王澐漫遊記略卷三：「自元君之祀興，而始有香稅，先朝稅額歲一萬六千金，以六千金供上，其贏皆貯州庫，備地方不時之需。往時四方承平，香火絡繹，稅額之外，常贏數倍，又有擲施錢帛及冶金銀爲男女形者充牣殿中……。」

又醒世姻緣傳第六十九回：「那管香稅的是歷城縣的縣丞，將逐位的香客的單名點進，方到聖母殿前，殿門是封鎖的，因裏邊有施捨的袍服金銀娃娃之類，所以人是進不去的。」

這兩部書都是清初的作品，正說明了明代以後不但人們向碧霞元君求子，還要由她那裏把娃娃拴回家去。所以北方人心目中常把碧霞元君和子孫娘娘混淆不分。

事實上北方人所供奉的子孫娘娘，旣找不出她的姓名和傳說，更查不出她的起源與來歷。我從前在北平曾到朝陽門外東嶽廟和崇文門外南藥王廟去調查，抄下兩廟的神祇名諱，發現這兩座廟裏的「娘娘」塑像都有九位。

東嶽廟娘娘殿九位娘娘分三組供奉：

右
- 送生娘娘（右）
- 培姑娘娘（中）
- 催生娘娘（左）

中
- 眼光娘娘（右）
- 天仙娘娘（中）
- 子孫娘娘（左）

左
- 乳母娘娘（右）
- 痲疹娘娘（中）
- 引蒙娘娘（左）

南藥王廟娘娘殿裏九位娘娘是：

1. 天仙聖母永佑碧霞元君
2. 眼光聖母惠照明目元君
3. 子孫聖母育德廣嗣元君
4. 瘢疹聖母保佑和慈元君
5. 乳母聖母哺嬰養幼元君
6. 催生聖母順度保幼元君
7. 痘疹聖母立毓隱形元君
8. 送生聖母錫慶保產元君
9. 引蒙聖母通顯導幼元君

南藥王廟九位娘娘牌位上寫的是全銜，頗有參考價值，而且她們的職能藉此已經可以看清，至於她們是誰?因資料缺乏，無法找到答案。

不過民間都相信封神演義的說法，認爲痘疹娘娘是痘神余化龍之妻金氏，子孫娘娘、催生娘娘、送生娘娘就是雲霄、瓊霄、碧霄三姊妹，其他的娘娘就無從考查她們的姓名和傳說了。

仔細研究起來，這許多位娘娘實在都是由一位子孫娘娘推衍出來的；人們最初想像冥冥之中有一位司生產的女神——子孫娘娘，然後連想到和婦女生產、兒童保育有關的許多事情同樣地也必各有神執掌，子孫娘娘既沒有姓名，其他各位娘娘也就沒有姓名了。

黃河流域各省大都信奉子孫娘娘，所以隨著移民，子孫娘娘的香火居然遠到黑龍江（今嫩江省）的齊齊哈爾。（見清長白西清所寫黑龍江外紀，書刊於嘉慶十五年）

十、臨水夫人和註生娘娘

閩、廣地區都崇信臨水夫人，祈求她保佑生產平安。她的事蹟最初見於元人的三教搜神大全，其他書籍也有記載，不過小有出入。臺中瑞成書局出版的臨水平妖，是用章回小說體寫成的，共十七回，不著撰人名氏，看文筆不是現代人作品，大約是是舊書重新排印的。

這部書寫出臨水夫人一生的事蹟。由她降生以及與張坑鬼、白蛇結仇，直到她二十四歲落胎而死，以至復仇成聖爲止。文筆不算太好，水準和羅懋登的三保太監下西洋差不多，可能最早是明中晚期或清初人的作品，這證明臨水夫人的故事在此時期已經形成了。

民俗雜誌遠在民國十七年就出了臨水夫人專號，材料非常充實，我們只根據原始資料，介紹出她的故事。

三教搜神大全卷四大奶夫人條：「昔陳四夫人祖居福州府羅源縣下渡人也，父諫議拜戶部郎中，母葛氏夫人，兄陳二相義兄陳海清，嘉興元年蛇母興災吃人，占古田縣之靈氣穴洞於臨水村中，鄉人已立廟祀以安其靈，迎年重陽買童男童女二人以賽其私愿耳，遂不爲害。時觀音菩薩赴會歸南海，忽見福州惡氣沖天，乃剪一指甲化作金光一道，直透陳長者葛氏投胎，生於大曆元年甲寅歲正月十五日寅時。誕聖瑞……若有羣仙護送而進者，因諱進姑。後唐王皇后分娩艱難，幾至危殆，嬭乃到宮，以法催下太子，宮娥奏知，唐王大悅，敕封都天鎭國顯應崇福順懿大奶夫人，建廟于古田以鎭蛇母，不得爲害也。聖母大造于民如此，法大行于世，專保童男童女，催生護幼，妖不爲災。良以蛇不盡殲，故自誓曰：女能布惡，吾能行香，普敕（按此字爲「救」之誤）今人。遂沿其故事而宗行之，法多驗焉。」（聖父威相公，聖母葛氏夫人，聖兄陳二相公，聖姊威靈陳九夫人九月初九日生，聖妹海口破廟李三夫人八月十五日生，助娘破廟張蕭劉連四大聖者，銅馬沙王、五猖大將、催生聖母、破產靈童二帝將軍。）

據三教搜神大全臨水夫人名進姑，其他的書又說她名靖姑，父親陳昌、夫劉杞。「進」，「靖」兩字音相近，必有一訛，我們却無法確定那一個是正確的，只能存疑。

據說臨水夫人曾和林紗娘、李三娘義結三姊妹，一同和閭山許眞君學道，道成下山，三姊妹行醫施法驅邪救世，稱爲「三奶派」，亦卽閩臺紅頭司公始祖，自淸初傳入，承襲至今。（見陽光出版社出版鄭昇昌著神明來歷及年節由來一六七——一七〇頁）

又據廖毓文著臺灣神話（生生出版社五十六年三月出版）一一八——一二四頁臨水夫人條說明了兩件事：

一、臨水夫人就是註生娘娘：

「該志（建寧府志）又說該地婦女都很崇信該廟主神陳夫人，生產之時都要供奉夫人的畫像，等到平安生下嬰兒，在洗兒日，纔向畫像拜謝，把它焚化，可見就是這樣，昔時的人纔把陳夫人看做專司『生育』的神，而稱她爲『註生娘娘』；所謂『註生』，是執掌『生育』的事。」——臺灣神話一二二頁。

二、註生娘娘手下有三十六婆姐：

據說福州的註生娘娘廟奉註生娘娘爲主神，兩旁有三十六婆姐，這三十六婆姐就是閩王玉璘所賜的三十六個宮女。現在臺灣奉祀『註生娘娘』僅僅配祀十二婆姐，是把數目減少了，如羅漢原有五百個，現在各廟只奉祀十八個一樣，並不是只有十二個婆姐可供奉而已。」——同書一二三頁。

按臨水平妖一書曾詳細寫出三十六婆姐的姓名、籍貫，今不詳列。通常只祀十二婆姐，不只臺灣各廟如此，就是閩、廣各省都一樣。許丙丁著小封神裏有十二婆姐的名氏，列之於後：

註生婆姐陳四娘、註胎婆姐葛四娘、監生婆姐阮三娘、抱送婆姐曾生娘、守胎婆姐林九娘、轉生婆姐李大娘、護產婆姐許大娘、註男女婆姐劉七娘、送子婆姐馬五娘、安胎婆姐林一娘、養生婆姐高四娘、抱子婆姐卓五娘。

十二婆姐的名氏雖找著了，但來源如何仍然找不到；這也許和臨水平妖那部書所列三十六婆姐一樣，不是得自傳聞，就是揑造的吧！

今年五月我到萬華龍山寺去調查註生娘娘的奉祀情況，看到龍山寺後殿裏有註生娘娘、十二婆姐，還有一個池頭夫人。神像擺列形式如圖：

△註生娘娘
△池頭夫人
十二婆姐

註生娘娘、十二婆姐我認識，乍見「池頭夫人」這名字，眞不知是作什麼的？爲什麼要和註生娘娘、十二婆姐供在一起？後來和中央研究院劉枝萬先生談起來，他說那就是俗傳婦女產亡死後入血池地獄，那個管血池地獄的女鬼，我才恍然大悟。可是我見過許多佛教變像，例如北方喪禮放焰口時所供奉的面燃大士，喇嘛教寺廟所供奉的密宗佛像，都是青面獠牙猙獰可怕的，怎麼這個「池頭夫人」却是慈眉善目的呢？就叫人不懂了。

十一、金花娘娘

廣東民間最崇信「金花娘娘」，婦女們奉她爲保佑生產和嬰兒的神，所以金花廟到處都有，年年要舉行金花會，熱烈的情形似乎比福建人信「臨水夫人」有過之無不及。

「金花娘娘」亦稱「金花夫人」，又名「金花小娘」。據胡樸安中華全國風俗志下篇卷七，二十四頁：

「廣東金花夫人廟最多，其說不一；或曰金花者神之諱也，本巫女，五月觀競渡，溺於湖，屍旁有香木偶，宛肖神像，因祀之月泉側，名其湖曰仙湖。或曰神本處女，有巡按夫人方娩，數日不下，幾殆，夢神告曰：『請金花女至則產矣。』密訪得之，甫至署，果誕子，由此無敢婚神者，神羞之，遂投湖死，粵人肖像以祀，呼『金花小娘』。後以能佑人生子，不當在處女之列，故改稱『夫人』云。神誕為四月十七日，畫舫笙歌，禱賽極盛云。」

民俗雜誌三十六期有劉萬章寫的關於金花夫人一文：

「金花夫人是廣州很普遍的女神，供奉她的廟稱金花廟，婦女們每多拜她，祈求子嗣……。廣州和附近鄉村都有這些廟宇，每年舊歷四月十七日，是她的誕日………。她們只知道金花廟會保佑人家生兒子或多添兒子。」——十四頁。

按番禺縣志卷五十三引任志採訪志云：

「靈應祠在廣州仙湖之西，其故老相傳：神，廣之金氏女也，少爲巫時，稱爲金花小娘，後沒於仙湖之水，數日不壞，且有異香，里人陳光見而異之，偕衆舉殮，得香木如人形，因刻像立祠，祈嗣往往有驗。祠毁，成化五年，巡撫陳濂重建，稱爲『金花普主惠福夫人』。嘉靖間魏毁之，粤人奉像於南岸石鰲村，其後復建廟於故處，淸翁方綱視學來此，命有司毁之。」

金花夫人廟裏配祀的也有許多屬神，民俗雜誌第三十六期五十三頁有容肇祖的記金花廟，文中談到這些屬神，一共有十九位是：

1.保痘夫人胡氏2.梳洗夫人張氏3.教食夫人劉氏4.白花夫人曹氏5.養育夫人鄧氏6.血双夫人周氏7.轉花夫人謝氏8.大笑姑婆祝氏9.剪花夫人吳氏10紅花夫人葉氏11小笑姑婆黃氏12羊双夫人蘇氏13瀨花夫人林氏14保胎夫人陳氏15教飲夫人梁氏16教行夫人黃氏17腰抱夫人萬氏18裁花夫人杜氏19送花夫人蔣氏。

名目駁雜離奇，令人想像不出她們管的是那一項，只知道和安產、換胎（轉女爲男）、保痘、教養諸事有關就是了。

由子孫娘娘、臨水夫人、金花夫人三位保佑產育嬰兒的女神手下各有許多屬神的情形可以看出：人們的想像力是由簡單而趨於複雜，都是先有了一位主神，以後才聯帶產生許多屬神的。

十二、其他的神

前面二至九所談到的諸神都是頗爲通行而記載又比較詳細的；其他還有許多不經見，只某一特殊地區所崇奉的司產育之神都沒有講，就在這一節裏談談，如果將來發現更多的新資料，將隨時補充。

唐代有名的傳奇李娃傳，裏面有一段是鄭生在李娃家已經床頭金盡，李娃受鴇母主使，設法擺脫鄭生時，她騙他說要和他一同去向竹林神求子。這竹林神是誰，書中並沒有講，我想必定是唐代民間普偏崇信的神祇，因爲作家寫小說必然利用人人熟悉的事物作材料的。

清朱彝尊曝書亭集卷六十八有烏江謁項王廟題名，其中最後一段是：「道士又言去此祠（項王廟）三十里卽陰陵故道，有虞姬墓，墓前有祠，村氓祈子者率禱此祠下，必揷花以識之。」向虞姬求子這和昭君墓前有人求子一樣，都是地方性的，沒有向其他地區傳播，也不為人所周知。

民俗雜誌裏有容媛女士的東莞城隍廟圖說，除了金花夫人、十二奶娘外，她也介紹了其他和產育有關的神祇。計有：

1.地藏王：東莞人祀地藏王以他救母於餓鬼叢中，故孕婦恐怕生產時危險，取他救母的意義，亦往祀之，以求母子平安。

2.磨地夫人：「磨地」卽坐地，取她坐著安穩的意義，婦人有孕都向她許願，說她可保生保養，待滿月以後，母子平安，然後酬神。

3.洪山救主：俗稱理小孩疾病和婦人生產的；迷信的人有到洪山廟買一紙符縫成三角形給小孩長期佩帶的，說可以辟邪。孕婦也有祈求一方紅布的，說可保產前產後母子平安。

4.雞谷夫人：俗傳取她多生多養，所以難生育的婦女就到她那裏許願，等生了兒女以後，用生雞一對、粉雞一對前往酬神。

5.三痘相公：俗傳專司天花、痘疹諸病，所以小兒出痘，父母都去向他祈求平安。

這些神名都是很少見的，神的事蹟和傳說也都不知道，但在當地必是大家習知的，所以才在神祇會合的城隍廟裏供奉（一般情形各省、縣的城隍廟都附祀當地人信奉的各式各樣的神明）。假以時日我們必定可以在各省的方志和前人的筆記小說裏，找到更多的資料。

第二章　祈子的習俗

婚姻的目的在延續種族，傳宗接代，所以參加婚禮的來賓除了祝賀新夫婦白頭偕老，美滿如意，還要祝賀他倆早生貴子；而婚禮裏有些儀式就是預祝生子的，譬如南方的「撒帳」、北方的「倒寶瓶」，吃「子孫餑餑」等等，甚至仍保留一部份原始的巫術遺跡。

古今婚禮裏都有些並無實際用處却不可或缺的物事，也就是象徵吉祥以祝福新婚夫婦的許多東西。禮記士昏禮雖曾詳細記述六禮的儀節，却沒有說明古代婚禮必備的物品有些什麼。

清顧懷三撰補後漢書藝文志卷一有鄭衆婚禮謁文輯本，那是現存最古的婚禮記錄，據這部書的記載，東漢時婚禮男家送到女家的禮物有：玄纁、羊、雁、旨酒、白酒、粳米、稷米、蒲葦、卷柏、嘉禾、長命縷、膠漆、五色絲、合歡鈴、九子墨、金錢得祿、香草鳳皇、舍利獸、魚鹿鳥、九子婦陽燧鑽。（見開明本廿五史補編第二册第十二頁上欄。）計共二十種。這二十種禮品各有什麼意義？倒底是什麼樣子？都已經不可考了。不過其中「九子墨」和九子婦陽燧」想必是祝賀多子的。因爲九子墨贊：「九子之墨，成於松煙，本性長生，子孫圖邊。」「子孫圖邊」這句話是祝新夫婦的子孫將來可以立功異域的意思。後代婚禮所用物品雖然不同，却仍是以祝賀多子爲主，所以研究祈子習俗，婚禮中的祈子是重要的一項。

從前人認爲久婚不育是一件可慮的事，因爲「不孝有三，無後爲大」，沒兒子的夫婦固然著急，等著抱孫子的老人更著急，於是種種祈子習俗在全國各地流行著。詩大雅有「瓜瓞綿綿」這句話，所以南方有無子夫婦送瓜祈子的習俗。又因古代「燈」、「丁」同音，爲求「添丁」，有人到廟裏去偸燈，有的親友爲不育的夫婦「送燈」。

還有許多求子的習俗保留了巫術的意味，例如北平婦人到東嶽廟去摸文昌帝君的銅騾子，新正到白雲觀去摸石猴，打金錢眼，吃親友家小孩洗三添盆、盆裏的紅蛋等等。全國各省也都有相似的習慣，我們將在下面分別研討。

一、婚禮中的祈子

漢以前婚禮的情形只有在禮記士昏禮篇看到一個大概，然而那記載的是「禮」而非「俗」，所以沒有多大用處。漢、唐婚禮情形只能在詩文樂府裏找到不太完全的材料，宋人著作以東京夢華錄、夢粱錄兩書曾有詳細的記錄，宋以後在明、淸章回小說裏更有充足的材料，我們將按時代排列依次敘述。

A東京夢華錄、夢粱錄和武林舊事中的記錄

東京夢華錄卷五娶婦：

「新婦下車子，有陰陽人執斗，內盛穀豆錢果草節等，咒祝望門而撒，小兒輩爭拾之，謂之撒穀豆。俗云厭靑羊等殺神也。」

「就床男女各爭先後，對拜畢就床，女右左，男向右坐，婦女以金錢綵果散擲，謂之撒帳……。」（世界本一五二頁）

夢粱錄卷二十嫁娶：

「親迎日分先三日男家送催妝花髻、銷金蓋頭、五男二女花扇、花粉、盥洗項畫綵錢果之類……迎至男家門首，時辰將正……尅擇官執花斗盛五穀豆錢綵果望門而撒，小兒爭拾之，謂之撒穀豆，以壓靑陽煞耳。……新郎回房，講交拜禮，禮官以金銀盤盛金銀錢綵錢雜果撒帳……。」（新興本七九六頁上欄）

這兩段記載相似，都說「撒穀豆」的意義是「厭靑陽煞」（靑羊、靑陽未知孰是），據鄧之誠注：

「撒穀豆……高承事物紀原九，漢世京房之女，適翼奉子，奉擇日迎之，房以其日不吉，以三煞在門故也。三煞者謂青羊、烏鷄、青牛之神也，凡是三者在門，新人不得入，犯之損尊長及無子，奉以謂不然，婦將至門，但以穀豆與草禳之，則三煞自避，新人可入也，自是以來，凡嫁娶者皆置草於門閫內，下車則撒穀豆，旣至則蹙草而入，今以為故事也。」（世界本卷五第一五八頁）

鄧氏註解已將「撒穀豆」一事解釋清楚，足證此事係在禳三煞免損尊長或無子，也就是消極地防止無子，目的仍在求子。

坊本三元總錄中卷第一頁。

「迎婚之日宅門首有白虎、螣蛇、青牛、烏鷄、青羊、天狗六耗神於戶，宜用谷草節向門洒之，其神爭均，新人奪路而入。鞍及鏡，寶瓶入帳大吉。」

同書第七頁選擇嫁娶婚書式有：

「一論六耗神攔門，宜用五谷草節銅錢迎門撒之，轎下置鞍筏命新人抱絹帛包車輻及明鏡寶瓶循重物履黃道某時進宅大吉。」

三元總錄已經由三禳增爲六秏，六秏之中以天狗爲最凶；據玉匣記說：「天狗主無嗣，新人進門下轎及拜堂忌踏天狗頭尾。」

由這些解釋知道，「撒穀豆」的目的在禳除使人無嗣的凶煞，而婚禮另一節目「撒帳」，却是預祝新夫婦多子的。

夢華錄、夢粱錄兩書記撒帳儀式大致相同，都是新娘坐在新房的床上，由婦女或禮官來撒，撒帳的物品有金銀錢、綵錢、雜果。其中金銀錢、綵錢預祝新夫婦富貴如意，雜果才是祝賀多子的。

關於「撒帳」的起源，據翟灝通俗編卷三：「……戊辰雜抄撒帳始於漢武帝。李夫人初至，帝迎入帳中共坐，飲合巹酒，預戒宮人遙撒五色同心花果，帝與夫人以衣裾盛之，云：『得多。』得子多也。」

撒帳始於漢武帝之說雖不大可靠，但它的時代也不會太晚，至少有千八百年的歷史。明清章回小說和記風土的書裏都談到過。

醒世姻緣傳第四十四回：「那儐相在旁贊著禮，狄希陳與素姐拜了天地，牽了紅，引進洞房，儐相贊教坐床合巹，又贊狄希陳拜床公床母……只見那那儐相拿了個紙盒底，裏面盛了五穀栗子棗兒荔子圓眼，口裏唸道……夫婦登牀儐相撒帳，將手連果子帶五穀抓了滿滿的一把，往東一撒……。」

這段裏所說的果子和近世舊式婚禮所用的喜果差不多。時代比較晚的兒女英雄傳也講到「撒帳」，書中第二十八回何玉鳳和安龍媒結婚的情形：

「安太太就幫著褚大娘子合張姑娘料理，進門便放下金盞銀臺行交杯合巹禮，接著扣銅盆、吃子孫餑餑、放捧盒，挑長壽麵，吃完了便搭衣襟、倒寶瓶、對坐成雙、金錢撒帳，但覺洞房中歡聲滿耳，喜氣揚眉……。」

這段寫的是北方婚禮，因爲「吃子孫餑餑、挑長壽麵」都是北平婚禮的的重要節目。其他各種記風土的書也談到「撒帳」的事。如胡樸安編中華全國風俗志下篇卷四第二十八頁海寧風俗記：「……以紅絲綢新郎新娘各持一端曰牽紅，送入洞房，並坐床上，用果子遍撒，曰坐床撒帳……。」

又卷八第九雲南之婚俗第四親迎：「新人同坐床上，預請福壽雙全之老翁一位，手持五子，述若干吉祥語，再將子向四方亂撒，是謂撒帳。五子者松子、瓜子、蓮子、百果子、棗子是也。」

婁子匡婚俗志山東魚臺的交拜禮（九十八頁）：

「……接著由這些嫂子們拿栗子、棗和花生向牀上撒去，叫做撒帳。據說『栗子』和『立子』同音，『棗』和『早』同音，是祝他們立子宜早，『花生』又叫『長生果』，是祝他們長生不老。」

又第一一六頁江蘇武進婚俗：

「新人坐床飲交杯酒後，卽由福壽雙全之長者站床側高處，持果盤將乾果如榛子、松子、蓮子、栗子、荔枝、桂元、紅黑棗及制錢等，隨手散擲，由衆客爭相撿取，謂之『撒帳』。撒帳時須高聲誦吉語如『撒帳撒到東，萬福攸同，撒帳撒到北，受天百祿，撒帳撒到中央，明天養個狀元郎。』

由這些資料使我們對撒帳這一節目已經很清楚，不論南北，撒帳所用的都是生乾果，通常還把它們染紅，有用五種的，稱爲「五子」，有的也不限定五種，比如北平舊式婚禮普通都用棗兒（紅棗）、栗子、蓮子、花生、桂元，意思是「早兒立子、連生貴子。」花生則意爲「有男有女」（北平俗語說夾雜著叫「花攙著」），還有核桃，意思是「和和氣氣」的。

當然撒帳主要用物是這些乾果，同樣重要的還有「撒帳錢」。按清翟灝通俗編卷三，四十一頁：

「……泉志唐中宗出降睿宗女荊山公主特鑄撒帳錢，其形五出文曰長命守富貴……又有福慶錢文曰五男二女、三公九卿。」

泉志是北宋洪遵的著作，書中所記的錢，至少是北宋時代的東西，可見唐宋宮庭中已經特別鑄造吉祥錢專爲撒帳用。至於「撒帳」這儀式仔細想想就可以體會到這原是象徵播種的；五穀、乾果都是植物的種子，從前重男輕女，婦人第一胎如果生的是女孩，親友就用「先開花後結果」這句話來安慰她，「果」原是代表「兒子」的。撒帳的人不論是男是女，嘴裏都要唸「撒帳詞」或喜歡歌，有些撒帳詞是撒帳的人編的，大意都是祝福新夫婦美滿如意、多福多壽、早生貴子。詞句裏有時也會夾雜一些關於男女性生活的笑話，一方面也等於鬧新房一樣，一方面仍有巫術咒語的性質。撒帳詞和造房子的上樑詞形式差不多，都是東西南北上下中各有一首詞，不過撒帳詞開頭是「撒帳東」，上樑詞是「拋梁東」。

此外婚禮裏還有許多祈子的儀式，分別敍述出來：

一、北平婚禮的子孫餑餑：「餑餑」就是餃子（北平稱水餃爲煮餑餑），照老規矩，男家發轎前往女家迎娶，轎子出發以後，茶房就從廚房端來一份準備好的餃子餡和和好的濕麵，請兩位全福太太包餃子，包的數量不多，只要夠裝滿兩飯碗就行了。除了餃子，還要包一對「盒子」（圓餅形，用兩餃子皮包成），用紅頭繩拴在一起，新娘娶回來，和新郎拜完天地，進入喜房，雙雙坐在床上，由娶親太太和送親太太招呼新夫婦飲交杯酒，這時候廚房裏已經把餃子煮好送來，用新娘家準備的子孫碗和筷子進食，由娶親太太，送親太太端著碗喂新夫婦，窗外早有男孩站在那裏問：「生不生？」裏面新郎回答道：「生！生！」的確，餃子是煮得半生的，所謂「吃」也是象徵性的咬一兩口而已。

二、壓床：北平規矩新房鋪設好了，新郎就先進去住，不過要找一個男孩同床睡上幾天，直到新娘娶回來為止。因為新房不能一個人獨眠，找個男孩來住，是取吉利，俗稱「壓床」。

三 子孫桶：北平嫁妝不論豐儉，一定要有一個朱漆馬桶，叫作「子孫桶」，桶裏放著許多喜果，還有五個煮熟的紅蛋，這紅蛋給婚後不育的太太吃了，據說很快就會有喜。除了子孫桶，還有一對飯碗、兩雙筷子，叫作「子孫碗」，是專為新夫婦用的，這對碗筷不和其他嫁妝一起先抬到男家，到迎娶那天，男家大媒到女家去迎娶，照例有一個男孩同行，等到女家招待大媒入席飲酒完了，男孩就把預先用紅絲繩綑好的碗筷「偸」回來（名爲偸，實在是由女家的茶房交給他），一定要在喜轎娶回新娘之前回來，這份碗筷是爲吃子孫餑餑用的；「子孫桶」許多省份都有。

四、翻床：據曾朝東的臺灣婚俗談第一章第二十頁翻床：「家人擇一生肖屬龍或蛇的男童，讓他在床上翻來覆去，作爲早日生貴子的表示。」又新生報新生副刊五十七年七月二十一日載陳秋聲的閩南婚俗趣談裏有滾床：「是新娘進洞房的第一個節目，事先在親族中挑選個兩三歲的男娃娃，這娃娃以肖龍爲上選，如找不到肖龍的，也得要與新娘相配的生肖，更要長得聰明美麗、健美活潑，新娘一進洞房，伴娘就去把龍娃抱來，在新床上翻滾一番，表示向「床媽（送子娘娘）致敬，翻滾時並高唱：『滾呀滾床鋪，明年生查哺（男孩）……。』滾畢，把娃娃交給新娘子抱一抱，活潑點的新娘會眉開眼笑地親親他，再遞給新郎，新郎在他的小手裏塞給禮包……。」這兩段記載正寫出了另一種婚禮的祈子儀式。

五、據蕭山問俗記（中華全國風俗志下篇卷四浙江第五十二頁）：「……下午以四女郎陪新婦燕飲，亦不一舉箸，形式而已，名曰坐頭次飯，飯後，樂者鼓樂送一小土偶入洞房，名曰送子。」

此外新娘由上花轎起就不踩土地，北平規矩地上要鋪紅氈子，紅氈子一條一條地傳送過去。有些省份不用紅氈，用米袋鋪在地上一條條很快地傳過去，叫做「傳代」，就是「傳宗接代」之意，用意仍是在祈子。

其實不但婚禮裏有祈子的儀式，就是結婚用品如衣料、被面、帳簷、喜轎轎圍上面織的、綉的、木器、磁器上雕刻的、畫的也都是吉利的圖案花紋。一部分是祝新夫婦姻緣美滿、白頭偕老的，例如「鴛鴦臥蓮」、「喜上眉梢」（喜鵲梅花）、「富貴白頭」（牡丹花、白頭鳥）。另一部分是祝多子的，如「榴開百子」、「瓜瓞綿綿」（甜瓜、蝴蝶）、「子孫萬代」（大小葫蘆），再不就是人物故事，比如「文王百子圖」、「郭子儀七子八壻」、「麒麟送子」等。翟灝通俗編卷八，八十六頁：「天祿志餘，唐宋禁中大婚，以錦綉織成百小兒嬉戲狀，名百子帳。」可見婚禮用品用「百子」的圖案，唐代已經流行。

新婚用被褥，北平習俗必在四角裝上喜果，鋪新床也要撒喜果，甚至嫁妝裏所有的東西都要放些染紅的喜果；有些省份在新被褥裏縫上一根筷子、幾顆栗子，就是「快立子」的意思。河北通縣當迎娶新娘的喜轎出發以後，婆婆就坐在新房的床上，懷裏抱著一個枕頭，象徵抱孫子，直坐到喜轎娶回新娘爲止，叫作「坐炕頭，抱孫子」。

總之，各省婚禮雖然不盡相同，然而都有許多節目和事物是企望新夫婦早生貴子的；由這些節目裏仍然可以看出原始巫術的痕跡。

二、婚後的祈子

親友雖然祝福新夫婦「早」生貴子，但是婚後一兩個月新娘就有了孕的，俗稱「邁門子」，是不吉利的。最理想是婚後一兩年之內抱頭生，當然最好是男孩，如果是女孩，那就是「先花後果」，也聊勝於無；假如婚後三五年仍然沒有生育的朕兆，家中長輩盼望抱孫子，固然很著急，小夫婦也未必不急，因爲傳統觀念是無後爲大，作兒婦的久不生育，好像對婆婆都無法交代似的，若是有妯娌，幾房都有了男孩女孩，只有自己膝下猶虛，相形之下，更覺難堪，娘家父母也會替女兒擔心，怕她因此失去婆婆的歡心，造成丈夫娶妾討小的藉口，於是乃產生出種種祈子的習俗。

仔細說來，婚後不育的祈子有幾種方式，一是到保佑生育之神面前求子（例如子孫娘娘、送子觀音等）。第二種是吃某一種東西，認爲可以很快有孕。第三種的偷瓜、偷燈或拴娃娃。第一種到神前求子的方式起自遠古，古人禱於高禖、禱於尼山，後代因爲各地區信仰不同，各有各的神，例如華北各省信奉碧霞元君，華中各省多信送子觀音，華南各省信奉臨水夫人或金花娘娘，甚至還有人叩求全知全能的媽祖。由宋人書裏記載，知道那時候人們已到娘娘駕前求子，據圖書集成明倫彙編人事典卷一百投胎部記事十一：

錢氏私乘：「賢穆乳母永嘉董夫人一日入禁中，慈聖問云：『主主以未得子爲念，爲甚不去玉仙聖母處求嗣？』董奏曰：『都尉不信此事，須是官家娘娘處分。』後數日，光玉入禁中，上笑曰：『董婆來娘娘處說都尉來』，光玉皇恐謝罪。欽聖云：『別沒事，只是娘娘要教主去玉仙求嗣。』董奏云『都尉不信。』光玉奏云『旣得聖旨，安敢不信！』遂翌日與賢穆同詣玉仙，止留知觀老道士一人祝香祈禱，道士見貴主車服之盛，歆豔富貴，云：『願貧道與大主做兒子。』歸而有娠……。」

所謂錢氏卽吳越王錢鏐子孫，與宋朝皇家世爲婚姻，這段故事雖是記道士歆羨富貴因而投生，却告訴了我們一件事實，就是北宋宮中已然信仰玉仙聖母，認爲可以求嗣。所謂「玉仙聖母」似乎就是碧霞元君，因爲宋眞宗登封泰山，就已有了「天仙玉女碧霞元君」的封號，宋人才簡稱爲「玉仙聖母」。（按慈聖卽宋仁宗曹后，亦卽宋史所記母儀四朝的慈聖光獻皇太后。）

江南向觀音求子的情形淸人顧鐵卿的淸嘉錄裏有觀音生日一條：「十九日（二月）爲觀音誕辰，士女駢集殿庭炷香，或施佛前長明燈油，以保安康，或供長幡，云：求子得子。既生小兒，則於觀音座下皈依寄名，可保長壽。」——卷二第四頁。

又中華全國風俗志卷三，江蘇黃渡鎭婦女之求子：「靑浦黃渡鎭婦女之無子者必往鎭東祖師堂之送子觀音前燒香禱告，並暗中將送子觀音之綉花鞋偷去一隻，云即能生子，惟生子以後須寄給與送子觀音爲寄兒子也。」——卷三，一一六——一一七頁。

廣東多祀金花夫人，亦稱金花娘娘。徐珂淸稗類鈔迷信第四頁占花祀子：「廣州祈金花夫人，祈子者以占得白花爲喜，有謠云祈子金花，多得白花，三年兩朶，離離成果。」

福建崇拜註生娘娘，也就是臨水夫人，沒有兒女的夫婦向她祈子，有孕的婦女拜她祈求生產平安，後來註生娘娘被福建籍移民帶到臺灣來，於是臺灣地區也信奉她，向她求子、求安產。

第二類求子方法就是吃某種食物，很快就可有喜。比如北平嫁女兒的嫁妝裏一定有一個朱漆子孫桶，桶裏要放上五個煮熟染紅的喜蛋和許多染紅的喜果：嫁妝送到男家以後，男家親友如有久不生育的太太就會向主人討要子孫桶裏的喜蛋來吃，據說很快就可有喜。還有男、女孩誕生，北平習慣在出生後第三天洗兒，親友都來添盆，洗兒盆裏放的紅蛋，不孕的太太也可以討來吃，據說很快受孕的。江蘇青浦黃渡鎭生子人家於三朝或六朝，祭天生婆婆的紅蛋能偸來吃了，也能生子。（見中華全國風俗志下篇卷三，一一六頁。）

除了吃喜蛋，還有些地方有吃瓜求子的習俗，我國不但求子要吃瓜，而且和生育有關的成語如「瓜瓞綿綿」、「瓜熟蒂落」、「種瓜得瓜」、「好瓜子少，癩瓜子多」等也都有「瓜」字；其理由何在？是大可玩味的事。「瓜瓞綿綿」的歷史最古，用這句話來形容子孫衆多，我想必是三千年前那位詩人在田野上看到枝條蔓延、果實纍纍的瓜，一瞥之間觸發的靈感，於是就寫成了這句「瓜瓞綿綿」。其他的成語大約都是由這一句衍生出來的。

吃瓜求子在什麼時候舉行？吃的是那一種瓜？各地方也不同。比如清明那天恰好是農曆三月初三日，蕪湖人認爲百年難逢，稱之爲「眞清明」。故老相傳，乏子嗣的人，買一南瓜，在「眞清明」日把整個瓜入鍋煮爛，午時把它放在桌上，夫婦並肩坐，同時擧箸，儘量能吃多少就吃多少，不久必然得子。（見中華全國風俗志下篇卷五，十三頁。）江南各地差不多都有吃瓜求子的習俗，可是是在中秋日，和蕪湖不同。

還有許多特殊的習慣，例如安徽歙縣、江西吉安每年中元普渡時請僧人誦經放餤口，最後施食時將所陳列的濟孤食品（包子水果等）向法臺拋擲，人們爭相拾取，婦人搶到包子一個，據說來年即可得子。

第二類求子法是偷瓜、送瓜、偷燈還有偷送子觀音綉鞋的，再有就是拴娃娃。偷瓜送瓜也是因「瓜瓞綿綿」而起的習俗，不必再談。又因「燈」、「丁」同音，爲祈求「添丁進口」才去偷燈；有的地方是由親友送燈給乏嗣的夫婦，不過據迷信的說法「偷燈」比親友送燈有效。

中華全國風俗志下篇卷八，三十一頁貴州之中秋節：「貴州中秋節有一種特別之風俗，爲各省所無者，即偷瓜送子是也，偷瓜於晚上行之，偷之時故意使被偷之人知道，以惹其怒駡，而且駡得愈厲害愈妙。將瓜偷來之後，穿上衣服繪上眉目，裝成小兒形狀，用竹輿抬送，有鑼鼓隨之，送至無子人家，受瓜之人須請送瓜之人食一頓月餅，然後將瓜放在床上，伴睡一夜，次日清晨將瓜煮而食之，以謂自此可懷孕也。」

又湖南衡城亦有送瓜事：

「中秋晚衡城有送瓜一事，凡席豐履厚之家，娶婦數年不育者，則親友舉行送瓜，先數日於菜園中竊多瓜一個，勿令園主知之，以彩色繪成面目，衣服裹於其上若人形，擧年長命好者抱之，鳴金放爆送至其家，年長者置瓜於牀，以被覆之，口中念曰：種瓜得瓜，種豆得豆。受瓜者設盛筵款之，若喜事然。婦女得瓜後卽剖食之，俗傳此事最驗云。」（見中華全國風俗志下篇卷六，二十八頁。）

又安徽歙縣紀俗詩：「送子中秋紀美談，瓜丁芋子總宜男，無辜最惜紅綾被，帶水拖泥那可堪？」（同書下篇卷五，十五頁。）由此可見祈子不僅是送瓜，還可以送子母芋。

清稗類鈔第四三册迷信類第五頁：

「廣州元夕婦女偸摘人家蔬菜，謂可宜男，又婦女艱嗣續者往往於夜中竊人家萵苣食之，云能生子，蓋粵人呼萵苣爲生菜也。」

送燈偸燈求子的習俗也和瓜一樣，流行於江南各地，北方却不多見，送燈偸燈的日期也是各地不同的。厲惕軒眞州竹枝詞麒麟燈：「記得于歸百兩迎，慈親此夕倍鍾情，願兒早孕麒麟子，也兆儂家宅相成。」（送女必麒麟燈或亦以此）按送燈日期爲上元節。

淮安風俗誌送子：「舊曆元宵節後，二月二日以前，此十數日間有所謂送子者焉，此事亦係出於親友之所爲，蓋凡年老無子及成婚多年而無所育者，親友知其盼子心切，咸樂送之，然所送者非人，乃一紙糊之小紅燈耳；間有用磚代者，此磚須取自東門外之麒麟橋堍，否則無效，蓋取麒麟送子意也。其手續由送者先擇一吉日，備柬通知受者之家，臨時約集十餘人，鑼鼓喧騰，樂聲大作，持燈或磚送往，受者則遠迓於門外，以所送之燈或磚懸於望子者之床中，並以酒筵款待送者，聊答盛意。如得子，尤須謝以重酬，在送者亦受之無愧，一若非吾一送，則此子亦不能得也。亦可哂已。」（中華全國風俗志下篇卷三，九二頁。）

興化之新年：「孩兒燈：此燈用泥製成，俗說此燈係自送子觀音迎來，送至不生育人家，卽能生子。故望子情殷之人，遇人去送孩兒燈，必備酒食相待！感謝莫名，且將此燈供於堂前，設此泥偶手足或有損傷，則以爲將來生子必遭殘疾。迷信如此，豈不可笑！」（同書一〇八頁。）

由此三段記載說明「送燈」是由親友替無子的夫婦送來的，送燈的日子大半是在元宵節，還要有樂隊同行。「偷燈」的事，只是聽到過，沒有找到文字的記錄。

「拴娃娃」本是北方的習俗，最早的記錄見於紀文達公的閱微草堂筆記；北方民間雜曲有「劉二姐拴娃娃」的大鼓詞，相聲也有一段「拴娃娃」，據說天津人不可以稱人為「大爺」，固然是因為武松的哥哥武大郎儒弱無能，妻子潘金蓮紅杏出牆，所以誰也不願被人視如「武大郎」，另外還有一個原因，就是凡拴來的娃娃都要給它命名，照例排行老大，以後生了男孩，就排行老二，因此天津人稱呼人永遠是「二爺」、「大爺」決不出現。

閱微草堂筆記卷五灤陽消夏錄五：「余二三歲時，嘗見四五小兒綵衣金釧，隨余嬉戲，皆呼余為弟，意似甚相愛，稍長時乃皆不見，後以告先姚安公，公沈思久之，爽然曰：『汝前母恨無子，每令尼媼以彩絲繫神廟泥孩歸，置於臥內，各命以乳名，日飼果餌，與哺子無異。歿後，吾命人瘞樓後空院中，必是物也。』恐後來為妖，擬掘出之，然歲久已迷其處矣。」（八〇頁。）

這段記載頗有價值，因為把「拴娃娃」的習俗寫得十分清楚，拴來的泥娃娃照樣要天天喂它吃東西，無怪北方民間傳說有個人家，主婦鎖上門出去看親戚，中午被留下吃午飯沒回來，鄰居突然聽到她屋裏有小孩哭聲，可是誰都知道她夫婦沒有兒女，後來才知道是拴來的娃娃餓哭了。原來她清早忘了喂它哩！

安徽也有拴娃娃的習俗，據壽春歲時紀：「三月十五日燒四頂山香，山在八公山東北，離城廂約七里餘，山上有廟宇數十間，塑女神曰碧霞元君，俗呼爲泰山奶奶，奶奶殿側有一殿，亦塑一女神，俗稱送子娘娘。廟祝多買泥孩置佛座上，供人抱取，使香火道人守之，凡見抱取泥孩者必向之索錢，謂之喜錢。抱泥孩者。謂之偷子，若偷子之人果以神助者得子，則須買泥孩爲之披紅掛綵，鼓樂送之原處，謂之還子。」（中華全國風俗志下篇卷五、三一頁。）

遠到吉林，也有和「拴娃娃」相似的行動，據前人記載：「吉地白山（一名北山）四月二十八日開廟會，求嗣者詣觀音閣，於蓮座下竊取紙糊童子一，歸家後置褥底，俗謂夢熊可操左劵。」（吉林奇俗談。）

容媛女士東莞城隍廟圖說：「十四，十二奶娘，俗傳求子有應，又說不孕育的婦人在城隍廟順手取線香一把，燃著揷在十二奶娘神前的香爐上，輪流每位揷香一枝，週而復始將線香揷完，看末後的一枝香揷著那一位；如果這位奶娘是抱子的，須用紅繩一條繫住她的手，便示可得子。如那奶娘是空手的，則示無子的意思，不用再求。」由所記情形看來，這不就是另一方式的「拴娃娃」嗎？

其實祈子也不祗限於婚禮時和婚後，就在歲時佳節也有一些和祈子有關的習俗。比如新年親友見面互說吉祥話，普通的是「恭喜發財」，但也有說「添丁進口，大發財源」的。除夕，上元更是祈願的好日子，爲了盼望來年添丁，湖南人除夕那天乘人不注意時，在搖籃裏放上許多竹筷子，認爲明年家中必定多生兒子。（見中華全國風俗志下篇卷六第十八頁。）又如安徽歙縣紀俗詩：「各族祠前爆竹喧，人丁有例記年年，瓣香拜罷低低祝，一萬虔輸漢口鞭。」（註：陰曆正月初二日，各族祠堂例放人丁砲，每丁三枚，得子者加百子十掛，是日爇香祈子有驗。）

正月十五日上元夜各省都有舞龍燈，節目，長沙新年紀俗詩有一首是：「婦女圍龍可受胎，痴心求子亦奇哉；眞龍不及紙龍好，能作麒麟送子來。」(註：婦人多年不生育者，每於龍燈到家時，加送封儀，以龍身圍繞婦人一次，又將龍身縮短，上騎一小孩，在堂前行繞一周，謂之麒麟送子。）（同書卷六，二十三頁。）

我國傳統思想認爲斷子絕孫香煙不繼是最大的不幸，所以最重視子嗣問題，許多迷信和忌諱都由此而起，比如北平婚禮中新人的吉服和老人百年之後裝殮穿的壽衣都不用緞子縫製，就因爲「緞子」和「斷子」同音而已。修造起房子，買坟地陰宅都得注意不要絕地，關於風水的書也有許多和子嗣有關的宜忌。三元總錄上卷第五頁有郭璞相宅訣：「屋前立欄杆，名曰紙錢山，家必多喪禍，哭泣不曾間，門高勝於廳，後代絕人丁。」陰宅和後代子孫發旺更有關係，其中講究更大了。總之，中國人祈子在積極、消極兩方面是同時兼顧的。

第三章　胎教與禁忌

「胎敎」之說起源很早，大戴禮和賈誼新書裏都有關於它的記載，雖不是周文王時代就有了「胎敎」之說，至少漢朝人已經注意到這件事。

所謂「胎敎」，就是胎兒的敎導，也就是婦女在懷孕期間要注意的事項。孕婦如果遵守胎敎的規定，言行擧止都能不違於禮，將來生的小孩必是聰明俊秀、康强多壽的。由現代的眼光看來，「胎敎」實在就是婦女懷孕期的衞生，古代科學不發達，醫藥衞生夾雜著許多迷信乃是必然的現象，因此古書裏所記的「胎敎」，分析起來實在是禁忌、巫術及少量心理衞生的綜合。

古人既認爲生育是神秘又神奇的事，而生育又關係到宗族的延續，所以夫婦的性生活叫作「敦倫」，表示是正當的行爲，以別於男女苟合。「敦倫」是爲了生兒育女，所以要愼重，因此許多迷信和禁忌也就產生出來，違犯了這些禁忌，如果受了胎，生的孩子不是六根不全，就是癡愚頑劣。

前人的醫書關於婦產科的著作，都包括種子受胎和胎孕、生產以後的幾部分，因此我們研究這方面的問題，也按照前人的辦法，由種子受胎的迷信和習俗開始；當然爲了聯貫，也不得不這樣做。

一、種子受胎的迷信與禁忌

古人對大自然是敬畏的，所以詩我將篇才說：「畏天之威，於時保之。」因敬畏天地，言行都不敢隨便，性行爲更是如此，一隨便了馬上就會有災殃到來。禮記月令篇首先有這樣的記載：

「是月也（二月），日夜分，雷乃發聲……先雷三日奮木鐸以令兆民曰：雷將發聲，有不戒其容止者，生子不備，必有凶災。」（世界本十三經注疏，禮記十五月令第八頁）

這是一段最早關於性行爲禁忌的記載。古代對性的原始迷信加上陰陽採補之說和佛教「性不潔」的看法，綜合累積成爲中國千百年來相傳的習俗。試看古來口頭傳說和書本記載，特別是勸善書、陰陽選擇書和小說劇曲等常常談到夫妻不謹，沖犯三光的事。凡是朔望之期，神佛誕日以及楊公忌、三元五臘等都要避忌，否則就有災殃或生下畸形兒。平劇陰陽河（又名中秋賞月）就是演李桂蓮、張春生夫婦中秋賞月，一時情不自禁，沖犯太陰星君，以致被五鬼活捉的故事，足見性的禁忌流傳之廣與深入人心了。

古今圖書集成藝術典卷四〇四醫部彙考三八四，婦女子嗣門有唐孫思邈千金方的求子論：

「夫欲求子者當知夫婦本命五行相生，及與德合幷，本命不在於休廢死墓中者，則求子必得；若其本命相尅，及與刑殺衝破，並在於休廢死墓中者，則求子了不可得，愼無措意，縱或得者於後終亦累人。若其相生並遇福德者仍須依法如方避諸禁忌，則所誕兒子盡美盡善。」

又無子論：「夫無子者其因有三：一坟墓風水不利，二夫婦年命相尅，三夫婦疾病。」

以上這兩段是說夫婦如果本命相衝犯；根本不必求子，所以舊式婚姻訂婚之前先要請人合八字，看看有無沖犯，就是這個原故。

夫婦年命不相沖犯，但仍要遵守許多性禁忌，否則就有災殃：

「凡求子宜吉辰良日，交會當避丙丁及弦晦朔、大風雨霧、寒暑雷電霹靂，天地昏冥、日月無光、虹蜺地動、日月薄蝕及日月火光星辰、神廟井灶、圊厠冢墓屍柩之旁，若交會受胎多損父母，生子殘疾夭枉愚頑不孝。若交會如法，則生子福德智慧，驗如影響，可不愼哉。」

「男女交媾之際更有避忌，切須愼之，若使犯之，天地奪其壽，鬼神殃其身，又恐生子不肖不壽之類，謹守戒條，可以長生。所忌之要備述於後：天地震動，卒風暴雨，雷電交作、晦朔弦望、月煞日破，大寒大暑、日月薄蝕。神佛生辰、庚申甲子、本命之日、三元八節、五月五日、名山大川，神祠社廟、僧宇道觀、聖賢像前、井灶前後、火光鬧烘。以上時地禁忌須愼之，不可交合，犯之者令人大則壽夭，小則生病，或若生男，令其醜貌怪相、形體不全、災疾夭壽。諸所禁忌敷奏於前，復有五月十八日是天地牝年之日，陰陽交合，世人須避，愼不可行房，犯之重則奪命、輕則減壽，若於此時受胎孕，子母難保。」

綜合以上所述性禁忌，大約分爲三類：一、自然災變二、時日避忌三、神廟等場所，這大概是由前面所引禮記月令仲春之月雷始發聲那段慢慢累積增添而成的。除此之外還有許多事情，一船習俗都要當事人夫婦分房居住，以免觸犯禁忌，例如親喪大故，如果服中生子，不但會惹親友恥笑，被斥爲不孝，還觸犯刑章，成了罪人。（唐律：服中生子，十惡之二）這是因禮教而起的禁忌。

兒女出痘，父母也應該分房，怕觸犯痘神，痘出不順或起變化。紅樓夢第二十一回：「鳳姐聽了登時忙將起來，一面打掃房屋，供奉痘疹娘娘，一面傳與家人忌煎炒等物，一面命平兒打點鋪蓋衣服與賈璉隔房……。」這段記鳳姐的女兒巧姐出痘的事，可作例證。

二、胎和胎孕時的禁忌

「胎教」這名詞在漢人著作裏已然出現，賈誼新書、大戴禮、劉向列女傳和王充論衡都談到過。不過賈誼新書胎教雜事篇和大戴禮保傳篇內容差不多，書中都引用青史子的話，可見西漢以來早已有了這種說法。現在綜合起來，依序排列於下：

甲、胎教關係遺傳：

「易曰正其本而萬物理，失之毫厘，差以千里，故君子愼始也。春秋之元、詩之關睢、禮之冠婚、易之乾坤皆愼始敬終，云爾素成，謹爲子孫婚妻嫁女必擇孝悌，世世有行義者如是，則其子孫慈孝，不取淫暴，黨無不善……故曰鳳凰生而有仁義之意，虎狼生而有貪戾之心，兩者不等，各以其母。嗚呼，戒之哉！無養乳虎、將傷天下，故曰素成，胎教之道，書之玉版，藏之金匱，置之宗廟，以爲後世戒。」——賈子新書卷十第三頁。

乙、所謂胎教：

「青史氏曰：古者胎教之道，王后有身之七月而就𡚱室，太師持銅而御戶左，太宰持斗而御戶右，太卜持蓍龜而御堂下，諸官皆以其職御於門內。此三月者王后所求聲音非禮樂，則太師撫樂而稱不習；所求滋味非正味，則太宰荷斗而不敢煎調；而曰不敢以侍王太子。……周后妃妊成王於身，立而不跛，坐而不差，笑而不諠，獨處而不倨，雖怒而不詈，胎教之謂也。」賈子新書卷十第三頁。

按青史子，漢書藝文志列子部小說家。大戴禮亦引用之，足見是秦漢古籍，也可見漢代胎教之說已經成立。劉向列女傳卷一，周室三母談到太任胎教的事：

「太任者，文王之母，摯任氏中女也，王季娶爲妃。太任之性端一誠敬，惟德之行，及其有娠，目不視惡色，耳不聽淫聲，口不出敖言，能以胎教。溲於豕牢而生文王，文王生而明聖，太任教之，以一而識百。君子謂太任爲能胎教。」

「古者婦人姙子寢不側、坐不邊、立不跛，不食邪味，割不正不食，席不正不坐，目不視於邪色，耳不聽於淫聲，夜則令瞽誦詩書、道正事，如此則生子形容端正，才德必過人矣。故姙子之時必慎所感，感于善則善，感于惡則惡，人生而肖父母者，皆其母感于物，故形意肖之，文王母可謂知肖化矣。」——四部叢刊本古列女傳卷一第十三頁。

列女傳把「胎教」解釋得很完整也很清楚，談到孕婦要不視惡色、不食邪味等，後代胎孕時的許多禁忌，大約是由此而起。不過這段話只消極的說不許這樣、不許那樣，却沒有講怎樣積極的去施行胎教。

丙、積極的胎教：

唐宋以前醫家已有「養胎」之說，可以說是積極的胎教。這些醫家的書曾詳細地告訴孕婦懷孕期間應該怎樣做，才能生育理想的嬰孩。

圖書集成藝術典四〇四，醫部彙考三八五養胎：

「舊說凡受胎三月逐物變化，禀質未定，故姙娠三月，欲得觀犀象猛獸、球玉寶物，欲得見賢人君子、盛德大師，觀禮樂鐘鼓俎豆軍旅，陳設名香，口誦詩書古今箴誡居處簡靜，割不正不食，席不正不坐，彈琴瑟、調心神、和情性、節嗜欲，庶事淸淨，生子皆良、長壽忠孝、仁義聰慧無疾，斯蓋文王胎教也。」

按「養胎」之說始於北齊徐之才，之才有逐月養胎方，他認爲：「妊娠三月名始胞，當此之時，未有定象，見物而化，欲生男操弓矢，欲生女者弄珠璣，欲子美好數視璧玉，欲子賢良，端坐淸虛，是謂外象而內感者也。」

隋巢元方病源論：「三月名始胎，手心主脈養之；當此之時，血不流行，形象始化，未有定儀，因感而變，欲子端正莊嚴，常口談正言，身行正事，欲生男宜佩弦執弓矢，欲生女宜佩韋施環珮，欲子美好，宜佩白璧，欲子賢能，宜看詩書，是謂外象而內感者也。」

古來醫家都認爲懷胎三月尚未定型，生男生女還可以隨心所欲地改變，以前重男輕女，都希望多生男孩，於是許多不同的「化女爲男」的方術在民間流傳著。

晉張華博物志卷十雜說下：「婦人姙娠未滿三月著壻衣冠，平旦左遶井三匝，映詳影而去，勿反顧，勿令人知見，必生男。」（周日用曰：知女則可依法，或先是男如何？余聞有定法，定母年月日與受胎時日算之，遇奇則爲男、遇偶則爲女，知爲女後卽可依法行之。）

圖書集成卷四二一，醫部彙考四〇一有化女爲男單方數條：

1. 取原蠶矢十枚井花水服之，日三。（孫眞人千金方。）
2. 又取弓弩弦一枚絳囊盛，帶婦人左臂，一法繫腰下，百日去之。
3. 又取雄黃一兩絳囊盛，帶左腰間，要女者雌黃帶右腰間。
4. 又以斧一柄於孕婦臥牀置之，仍繫刄向下，勿令人知。（如不信者待鷄抱卵時依此法置於窠下，一窠鷄子盡爲雄。）
5. 雄鷄長尾拔三莖置孕婦蓆下，勿令知之。
6. 取夫頭髮手足爪甲鋪孕婦蓆下，亦勿令知。

丁、婦女懷孕期間的禁忌

婦女懷孕期間要守「胎教」，因此行止飲食有許多禁忌，如果不遵守，將來不是難產就會生畸形嬰兒。懷孕期中禁食兎肉，這個禁忌最早見於東漢王充論衡卷二命義篇，同時他在這篇裏詳細地談到許多有關的事。

「……遭命者初稟氣遭凶惡也，謂妊娠之時遭得惡也，或遭雷雨之變，長大夭死……亦有三性，正者稟五常之性也，隨者隨父母之性，遭者遭得惡物象之故也，故妊婦食兎，子生缺脣。月令曰：是月也，雷將發聲，有不戒其容止者，生子不備，必有大凶，瘖聾跛盲，氣遭胎傷，故受性狂悖……性命在本，故禮有胎教之法，子在身時，席不正不坐，割不正不食，非正色目不視，非正聲耳不聽……受氣時母不謹愼，心妄慮邪，則子長大狂悖不善，形體醜惡。」

胎孕禁忌大約分爲三類，一類是行動方面的，一類是飲食方面的，另一類是沖犯胎神和星煞的。這些禁忌眞是源遠流長，直到如今，孕婦不許吃兎肉、螃蟹，不許參加婚禮，不許看死人入殮等等許多禁忌仍然在民間流行，每月胎神方位被仍然在農曆書裏附印，佔了很顯著的篇幅，足見這些傳統的習俗迷信一時似乎不易消除。

A、行動方面：懷孕時期孕婦要做到目不視惡色，耳不聽邪聲，割不正不食，席不正不坐。此外還有許多事情不能隨便，最重要的，就是夫婦要隔房居住，免得再有性行爲。現代人都知道懷孕期間性行爲容易招致流產，從前人却認爲懷孕之後夫婦好合將引動相火，使先天胎毒加重，舊醫書裏講得很詳細，玆不多加引證。

古今圖書集成卷四二一，醫部彙考四〇一小兒未生，萬氏育嬰家秘妊子論：「夫至精纔化，一氣方凝，始受胞胎，漸成形質。子在腹中，隨母聽聞，自妊娠之後則須行坐端嚴，性情和悅……耳不聞非言，目不觀惡色……吾見鄙俗婦人懷胎看搬傀儡裝神舞猴者，後來生子貌多肖之。」

徐珂清稗類鈔迷信類第三十三頁鄂婦姙忌：

「湖北婦人姙子避忌最甚，有所謂換胎者，言所見之物入其腹中，換去其本來之胎也。故婦人姙子，凡房中所有人物畫像藏之棄之，或以鍼刺其目，云其目破卽不爲患矣。有一婦臥室懸一美女，及生子厥狀肖焉，美女屈右臂伸三指作指物狀，此子亦屈右臂伸三指，終身如此。又一婦偶觀優，及生子，頭上有肉隆起，如戴高冠、兩耳旁各有肉一片下垂，如以巾冪之者然，因憶觀優時有優人之冠如是，爲其換胎矣。其地每有遊僧，擔荷衣裝，乞食村落，擔上有彌勒佛像，此尤爲所忌，孕婦見之，謂生子必肖彌勒佛矣。故此僧所至，村人輒譟而逐之，孕婦或不及避，猝與相遇，必坐於地，自解其履，以左履換至右足，右履換至左足，此僧必將所荷之擔從右肩換至左肩，從左肩換至右肩，如此相持，及人衆咸集，逐此僧去，乃得無事。」

近人曾朝東臺灣婚俗談第九章臺灣舊時的婚姻迷信也有一條：「孕婦忌看傀儡戲，不然將生無骨的孩子。」可見孕婦不許看戲，南北各省省都有此習俗。

北平人稱孕婦爲「雙身子」，「雙身子」向來不許到廟裏去，也不許看死人入殮（至親骨肉不在此限），不許在親友婚禮時進入喜房，也不可以在親友婚禮時擔任娶送親、攙轎、做新裝新被褥各種職務，據說如果不遵奉禁忌，就會沖犯星煞，對孕婦和新夫婦都不好。修造動土上樑、商店開張，孕婦也都要躲避，否則雙方都會招來不幸。

避忌選擇書三元總錄中卷第七頁選擇嫁娶婚書式：「嫁娶之人忌屬△△△三相，內親不忌，妊娠產服之人忌之大吉。」下卷第一頁洪泉柳氏編註殃殺便覽：「妊娠婦人不可臨壙送喪忌之大吉。」以上兩條可作佐證。

曾氏臺灣婚俗談第九章裏還有幾條孕婦的禁忌：

1. 忌吃蟹，否則生出來的孩子會像蟹那樣抓扭別人的手腿。
2. 忌見月蝕，見則所生子女身體會不全。
3. 孕婦忌觸胎神，觸則生無骨的孩子。

4.孕婦參加婚禮則「喜沖喜」，一方或雙方會發生不祥。

B、飲食方面：

懷孕期間孕婦生理變化很大，受到這些刺激，常常會發生惡阻嘔吐種種病情，這種現象北方俗稱「害喜」，臺灣則叫做「病子」。

臺灣俗曲有十月懷胎病子歌，就講的是婦人懷孕期間因爲「病子」，想吃許多新奇特殊的食物，但這些東西可能對胎兒有妨碍，於是前人就留下許多禁忌，其中有些是根據醫學而起的，孕婦吃了不易消化或患了病，就列爲禁忌，這些禁忌經過長期的流傳，漸漸有了差異，比如北平人說孕婦吃螃蟹，會橫生倒產，生的小孩常會有六指兒（駢指），和臺灣的說法大不相同。

漢醫的藥物學書本草經曾經談到某種東西性寒，某種東西性熱，又講某種水果補養，某種蔬菜破氣，所以千百年來民間有沿襲下來的食物相尅禁忌。例如柿子不可與螃蟹同吃，荆芥煮鯽魚吃了會死，還有「桃飽杏傷人，李子樹下埋死人」的歌謠時常由北平人口裏口露出來。

前人專講飲食宜忌的著作有元和斯輝的飲膳正要和元末賈銘的飲食須知，其中都講到各種食物的相宜相反，也講到某物孕婦不可以吃，吃了又有什麼不良後果。因此引一些前人的說法，說明孕婦的食物禁忌由來已久。

古今圖書集成藝術典四〇四卷醫部彙考三八五：

「食物禁忌：麋脂及梅李子若妊娠婦食之令子青盲，婦人妊娠不可食兎肉、山羊肉及鼈、鷄、鴨令人無聲音、梨令人寒中，產婦亦不可食，妊婦食薑令子餘指。」

宋朱端章衞生家寶產科備要卷二引孫眞人養胎論：

「論曰：兒在胎日月未滿、陰陽未備。腑臟骨節皆未成足，故自初胎迄於將產，飲食居處皆有禁忌：

妊娠食羊肝令子多厄

妊娠食山羊肉令子多病

妊娠食驢馬肉延月

妊娠食騾肉產難

妊娠食兎肉犬肉令子無聲音並缺唇

妊娠食鷄子及乾鯉魚令子多瘡

姙娠食鷄肉糯米令子多寸白蟲

姙娠食椹並鴨令子倒出心塞

姙娠食雀肉並豆醬令人滿多皯䵴黑子

姙娠食雀肉飲酒令子心經情亂不畏羞恥

姙娠食鼈令子項短

姙娠食冰漿絕胎

C、沖犯胎神、星殺的禁忌

俗傳婦女胎孕事有胎神掌管，胎神常在孕婦左右，所以家有孕婦之時，修造動工，穿鑿釘補皆須查明胎神方位，然後再動工。如果觸犯胎神，就會造成不幸，或流產，或生殘缺兒，甚至母子俱亡。

胎神是誰？三教搜神大全所收神祇比較完全，但也沒有胎神這名字。通俗小說封神榜有胎神姬叔禮，只列出名字，並沒有講清他的職能。清人文康的兒女英雄傳第三十八回張親家太太說：「這是有個神兒在神兒不在的事。」指的是張金鳳、何玉鳳婚後兩三年沒有懷孕，是由於「神兒不在」，此「神兒」或許說的就是胎神，胎神不在，夫妻敦倫亦不受孕；但是民間傳說裏司夫婦房幃生育之神是牀公、牀母，怎會又有「胎神」呢？或許是成胎之後卽有胎神守護胎兒吧！疑以存疑，只好先講胎神沖犯的事，胎神問題等找到更多的資料再下定論。

古今圖書集成藝術典四〇六醫部彙考三八六，胎殺避忌胎前將護法：

「受孕之後，宜避忌胎殺所遊，如經云：刀犯者形必傷，泥犯者竅必塞，打擊者色靑黯，繫縛者筋拘攣甚至母殞，禍如反掌。」

月遊胎殺：立春在房牀，驚蟄在戶（單扇），淸明在門（雙扇），立夏在灶，芒種在母身，小暑在灶，立秋在碓，白露在廚前，寒露在門，立冬在戶及廚，大雪在爐及灶，小寒在母身。

十干日遊胎殺：甲己日占門，乙庚日占碓磨，丙辛日占井灶，丁壬日占廚廨，戊癸日占米倉。

十二支日遊胎殺：子丑日占中堂，寅卯辰酉日占灶，巳午日占門，未申日占籬下，戌亥日占房。

六甲旬遊胎殺：甲子旬遊窗碓，甲戌旬遊正廳，甲申旬遊中庭，甲午旬遊房內，甲辰旬遊房中，甲寅旬遊二門。

太史局日遊胎殺：每遇癸巳、甲午、乙未、丙申、丁酉五日在房內北，庚子、辛丑、壬寅在房內南，癸卯一日在房內西，甲辰、乙巳、丙午、丁未四日在房內東，六戊、六巳日在房內中，餘日在外無占。凡遊在房內不宜於方位上安牀帳及掃舍皆凶。

又有小兒殺及本命三殺及產母身黃定命皆不可犯，凡姙娠之後，將此貼於房內，切不可穿鑿修掘移釘擊籬壁重物展壓之類，犯之重則胎死腹中，母亦不利，輕則子受其殃，成人之後必定破形，拳攣跛縮瘖瘂，犯之極驗。

前面所列五種遊胎殺，過於繁瑣，所以民間通用曆書只有六甲胎神逐月所占定局及胎神逐日所占遊方定局兩種。今依曆書原式表列於左：

六甲胎神逐月所占定局

正月房床	二月戶窗	三月門堂	四月廚灶	五月房床	六月床倉	七月碓磨	八月廁戶	九月門房	十月房床	十一月灶爐	十二月房床

胎神逐日所占遊方定局

甲子日 占門碓外東南	乙丑日 碓磨廁外東南	丙寅日 廚灶爐外正南	丁卯日 倉庫門外正南	戊辰日 房床栖外正南	己巳日 占門床外正南	庚午日 占碓磑外正南	辛未日 廁灶廚外西南	壬申日 倉庫爐外西南	癸酉日 房床門外西南	甲戌日 門碓栖外西南	乙亥日 碓磨床外西南
丙子日 廚灶碓外西南	丁丑日 倉庫廁外正西	戊寅日 房床爐外正西	己卯日 占大門外正西	庚辰日 碓磨栖外正西	辰巳日 廚灶床外正西	壬午日 倉庫碓外西北	癸未日 房床廁外西北	甲申日 占門爐外西北	乙酉日 門碓磨外西北	丙戌日 廚灶栖外西北	丁亥日 倉庫床外西北
戊子日 房床碓外正北	己丑日 占門廁外正北	庚寅日 碓磨爐外正北	辛卯日 廚灶門外正北	壬辰日 倉庫栖外正北	癸巳日 占房床房內北	甲午日 占門碓房內北	乙未日 碓磨廁房內北	丙申日 廚灶爐房內北	丁酉日 門倉庫爐內北	戊戌日 房床碓房內中	己亥日 占門床房內中
庚子日 占碓磨房內面	辛丑日 廚磨廁房內南	壬寅日 倉庫爐房內南	癸卯日 房床門房內西	甲辰日 門碓栖房內東	乙巳日 碓磨床房內東	丙午日 廚灶碓房內東	丁未日 倉庫廁房內東	戊申日 房床爐房內中	己酉日 占大門外東北	庚戌日 碓磨栖外東北	辛亥日 廚灶床外東北
壬子日 倉庫碓外東北	癸丑日 房床廁外東北	甲寅日 占門爐外東北	乙卯日 門碓磨外正東	丙辰日 廚灶栖外正東	丁巳日 倉庫床外正東	戊午日 房床碓外正東	己未日 占門廁外正東	庚申日 碓磨爐外東南	辛酉日 廚灶門外東南	壬戌日 倉庫栖外東南	癸亥日 占房床外東南

如果誤犯胎神，致使孕婦胎動不安，可以畫符禳解。萬法秘笈第三十一頁有押煞符，符式如左。又居家必備亦有安胎靈符、鎮煞靈符各一，與此符式相彷彿。

○安胎符（萬法秘笈）

如孕婦有犯胎神甚危時，將此符化火調水食，則胎自安。

○押煞符（萬法秘笈）

此符能起殺制壓土殺神禳胎神，極驗極速。若有觸犯胎神，可將符貼於動土之處，大吉。

鎮煞靈符

靈威誠目遊六腑軍押煞靈

符脳靈符

此符能趕煞制壓神禪胎裏高昇若關犯胎神將符照寫貼於勁作之虛卸安

奏聖哭救多文靈符媒母肉全

此符內聖人勅令等照燃各字宜臍昌明如孕婦有犯胎神者將符化火謂水服之卽愈

保胎靈符

六甲大犯

玉方靈符

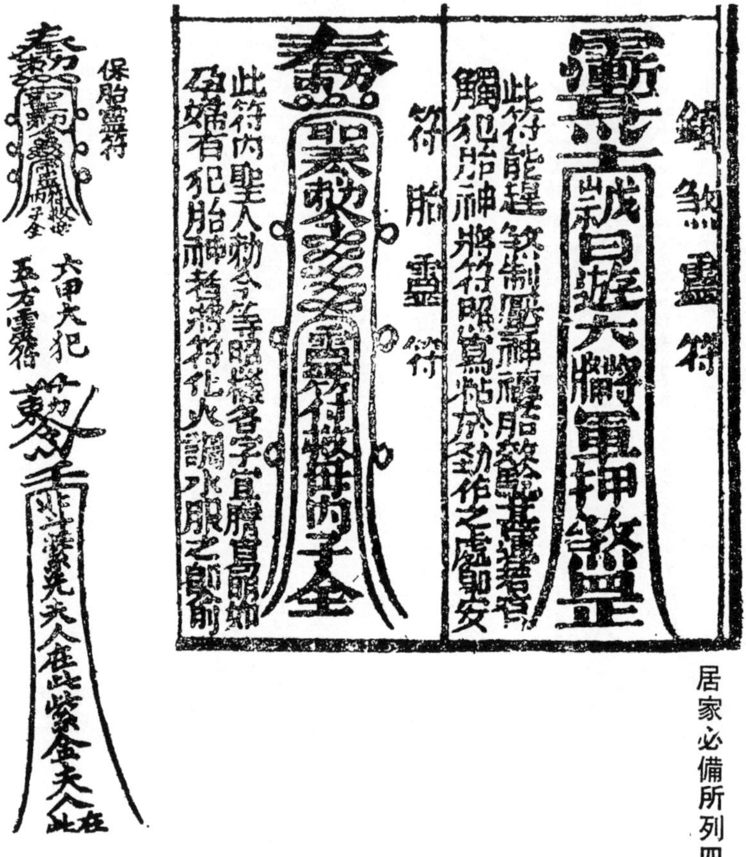

居家必備所列四符

第四章　產育的迷信

懷孕時期孕婦要時刻遵守胎教，又要處處小心，免得觸犯胎神，及至期滿臨盆，避忌更多，從前醫學不發達，沒有產科醫師接生，只有目不識丁，但憑經驗的收生婆，生產眞是件痛苦危險的事。所以俗語說：婦女生產只和閻王爺隔層紙。婦女懷孕時旣沒有產前檢查，日常又少運動，富厚之家產前再講究補養，以致胎兒往往過大，很容易發生難產。遇到難產根本不知動手術，所以因產厄而死的婦女比比皆是，於是「產鬼討替」之說也由此而起。

生產要流血，因此人們都認爲產育是汚穢不潔的事，至於胎盤，從前醫家稱之爲「紫河車」，以「陰陽採補」爲號召的術士要用它來配合丹藥，據說頭胎「紫河車」和童女「紅鉛」一樣可貴。但小孩的「胎衣」是不能隨便拋棄的，一則怕血汚觸犯神明，二則怕被人檢去配藥，因爲據說配藥被人吃掉，對小孩極爲不利，孩子可能會活不長。所以「胎衣」一定要埋藏，埋藏也有許多避忌，同樣不能沖犯神明。

南宋朱端章編纂的衞生家寶產育備要共有七卷，綜合許多前代婦產科醫書，擇要編成，它之所以如上命名，目的就是供一般家庭應用。書裏保存了許多當時通行的生產迷信和習俗，其中最珍貴的就是十二月產圖。所以「產圖」，正名爲「入月安產圖」，這類的書，遠在隋經籍志卷三子部曆數類裏已經著錄有產圖二卷、雜產圖四卷，唯皆不著撰人。兩唐書經籍、藝文志子部五行類都有崔知悌產圖一卷，可見「產圖」起源得很早。又孫思邈千金寶要卷六：「不依產圖，令子母多妨。」千金寶要卽或係依託之作，但唐宋以來民間生產要張貼產圖、遵守產圖所列避忌，則是不爭的事實。

產期將臨，就要按照產圖安置產牀，等待分娩，分娩前究竟要準備些什麼東西，南宋周密武林舊事有一段宋宮廷妃嬪待產時的記載，頗爲珍貴。如果生產困難，就要設法催生，有催生藥、催生符和許多方術。另外，分娩乳子一定要在自己家裏，不能在別處，就是孕婦本人的娘家也不可以，東漢王充論衡四諱篇已經談到這件事，可見這種避忌已有一、兩千年的歷史了。分娩的日子如果不吉利，所生小孩必然命不好，會沖剋父母，依古人的迷信，就得把他丟棄，不肯收養，也就是所謂的「生子不舉」了；「生子不舉」不限於此，還有其他許多情形。

假如孕婦不幸難產，竟因產厄死亡，爲怕有產鬼討替，爲預防將來家中再發生產厄，埋葬難產而死的婦女時也有許多特殊習俗。這一章裏就依上述次序研討產育的習俗和迷信。

一、入月安產圖及產前準備

南宋朱端章衞生家寶產育備要所收的產圖共十二幅，每月一張，上列八卦方位和十三神名諱以及安產藏衣吉方，還說明粘貼方法：

「凡產於入月一日貼在臥閤內正北壁上，凡安產藏衣方位並於臥閤內分布，凡逐月安產、藏衣、避忌、神煞方位並隨節氣更候，交得次月節卽換次月產圖。凡產訖，棄潑穢汚不淨之水，並隨藏衣之所向不拘遠近棄之，切忌向閉肚之方也。(衞生家寶產育備要卷一)

預算產期，到將分娩的月份就要鋪設產閣，準備待產諸事。產育備要卷六入月：

「入月第一日淸旦先書借地法，貼在產婦房內北壁上，須淸心志誠書之，更須避日遊月支諸神。」

借地法稱爲「體玄子借地法」，不知體玄子爲誰，文辭俗俚，也和一船禁咒之詞無異。

體玄子借地法：「東借十步，西借十步，南借十步，北借十步，上借十步，下借十步，壁方之中四十餘步，安產借地，恐有穢汚，或有東海神王，或有西海神王，或有南海神王，或有北海神王，或有日遊將軍，白虎將軍，遠去十丈，軒轅招搖，舉高十丈，天符地軸，入地十丈，令此地空閑，產婦某氏安居無所妨碍、無所畏忌，諸神擁護，百邪速去，急急如律令勅。」（產育備要卷一）

「凡產閣及藏衣之地，並須依方位所利，鋪設產閣，務要淸虛，仍須遮塞孔隙，無令賊風遊氣可得而入，及窗壁仰泥之類，並須一一經心照管，恐有顚覆種種非意，爲害不小，入月後便須擇好日爲之。」（同書卷六）

「禁草法：鋪草及氈褥訖卽咒曰：鐵鐵湯湯，非公所當，是王一言得之銅，一言得之鐵，母子相生俱篋鐵，急急如律令。」（同書卷六）

臨產之前除了收拾一間嚴密的產房外，還要準備須用的東西，這些東西大約不外下列幾類：一、嬰兒應用的衣物，二、產婦、嬰兒要用的藥品，三、產婦補養食物，各省的風俗大同小異，要準備的用品也略有不同。

宋周密武林舊事卷八有宮中誕育儀例略一條，史料價值極爲珍貴，詳列宮眷生產前所要預備的應用物品，其中有的後代人可以解釋如何使用，有些則根本不知道是幹什麼的，只有「疑以存疑、信以存信」而已。

「宮中凡閤分有娠，將及七月，本位醫官申內東門司及本位提舉官奏聞，門司特奏，再令醫官指定降誕月分訖，門司奏排辦產閣，及照先朝舊例三分減一，於內藏庫取賜銀絹等物如後：羅二百匹，絹四千六百七十四匹（釘設產閣、三朝、一臘、二臘、三臘、滿月、百晬、頭晬）、金二十四兩八錢七分四厘（裹木篦、簲杈、針眼、鈴鋜鍍盆）、銀四千四百四十兩、銀錢三貫足、大銀盆一面、醽醁沈香酒五十三石二斗八升，裝畫扇子一座、裝畫油盆八面、簇花生色袋身單一副、催生海馬皮二張、檀香匣盛硾銅剃刀二把、金鍍銀鈔鑰全、彩畫油栲栳簸箕各一、彩畫油甀八口、彩畫油瓶二、新羅漆馬銜鐵一副、裝畫胎衣瓶、鐵秤錘五個、鐵鈎五十條、眠羊臥鹿二合各十五事、金銀果子五百個、影金貼羅散花兒二千五百、錦沿席一、綠席氈蒲合褥子各二、瑪瑙纈絹一匹、大氈四領、乾蓐草一束、雜用盆十五個、暖水釜五個、綠油柳木槌十個、生菜一合、生艾一斤、生母薑二斤、黑豆一斤栲栳全、無灰酒二瓶、米醋二瓶、紐地黃汁布二條、濾藥布二條、金漆箱兒全、香墨十錠、細漆影金匣、鷄子五十個金漆箱兒、小石子五十顆、竹柴五十把、紅布袋二盛馬桶朱用、帶泥藕十根、生芋子一合、彩畫銀杏一盒五十斤（內裝畫一千個）、嘉慶子五十斤（內裝畫七百個）、菱米五十斤、荔枝五十斤、胡桃二千個裝畫、圓眼五十斤裝畫、蓮肉五十斤、棗兒五十斤、柿心五十斤、栗子五十斤、粱子十合陳列果子、喫食十合（蒸羊一口、生羊剪花八節羊六色子棗大包子棗浮圖兒豌豆棗塔兒炊餅糕糖餅髓餅）。」

這個單子非常詳細，大約生產時所用物品不論吃的，用的都齊備了；其實這些東西並非宮廷所獨用，宋代民間生育習俗於吳自牧夢粱錄裏有記載。該書卷三十育子條：

「杭城人家育子，如孕婦入月期將屆，外舅姑家以銀盆或綵盆盛粟桿一束，上以錦或紙蓋之，上簇花朵、通草貼套五男二女意思，及眠羊臥鹿，併以綵畫鴨蛋一百二十枚、膳食羊生棗栗果及孩兒綉䙀綵衣送至壻家，名催生禮。」

這裏所列物品有眠羊、臥鹿、膳食羊、生棗栗等，和武林舊事的記錄比起來，宮廷當然要比民間考究得多了。

又：「……仍令太醫局差婦產科大小方脈醫官宿直，供畫產圖方位，飲食禁忌、合用藥材、催生物件，合本位踏逐老娘伴人乳婦抱女洗澤人等，申學生院撰述淨胎髮祝壽文，排辦產閣了畢，犒賜脩內司會通門官本司人吏庫子，醫官儀鸞司等人銀絹官會有差，候降誕日本位官卽便申內東門司轉奏降誕，三日、一臘、兩臘四節次拆產閤，三臘滿月二次，百晬頭晬以上十次。支賜銀絹，仍添本位聽宣內人請給十分，以上並係常例，此外特恩臨時取旨，不在此限，外廷儀禮不在此內。」——武林舊事卷八

這段將產前、產後許多習俗都記得很清楚，朱書所列產圖共十二幅見後，產圖旣然只有十二幅，如果遇到閏月，就按節氣用之。

第一圖

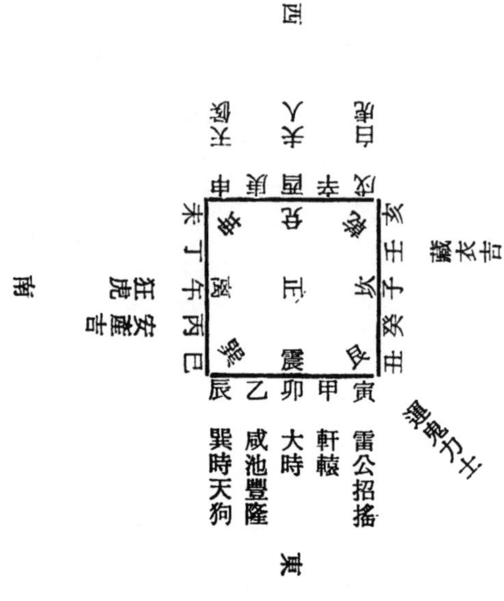
北
東
南
西
雷公招搖
軒轅
大時
咸池豐隆
吳時天狗
運鬼力士
安產吉
狂虎
亥
壬
子
癸
丑
寅
甲
卯
乙
辰
巳
丙
午
丁
未
申
庚
酉
辛
戌

第二圖

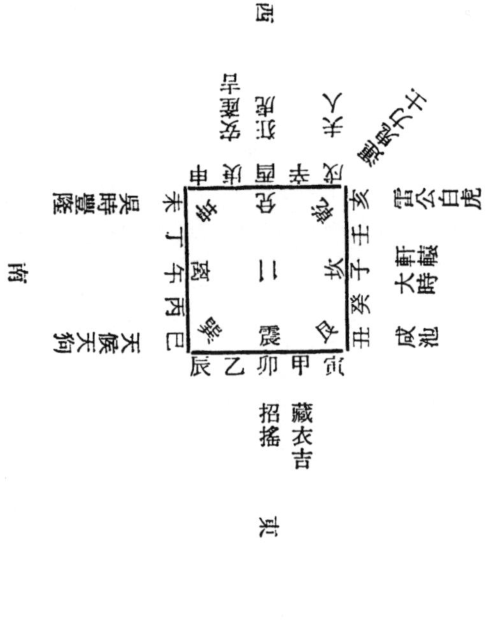
北
東
南
西
軒轅
大時
藏衣吉
招搖
天侯天狗
吳時豐隆
運鬼力士
亥
壬
子
癸
丑
寅
甲
卯
乙
辰
巳
丙
午
丁
未
申
庚
酉
辛
戌

第三圖

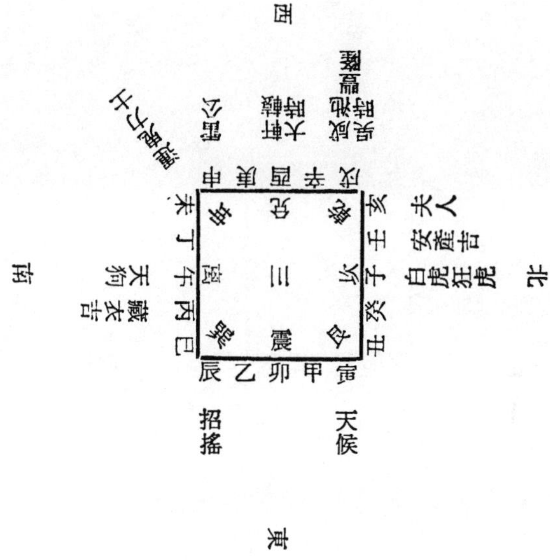
北
東
南
西
亥 壬 子 癸 丑
寅 甲 卯 乙 辰
巳 丙 午 丁 未
申 庚 酉 辛 戌
三
震
夫人
安產吉
白虎狂虎
天候
招搖
天狗
藏衣吉
運鬼力士

第四圖

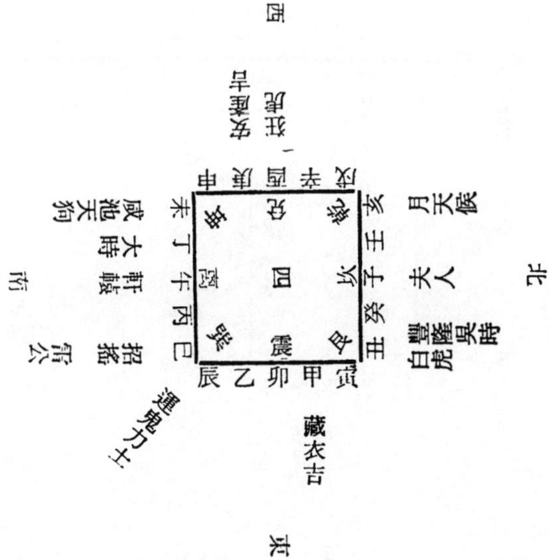
北
東
南
西
亥 壬 子 癸 丑
寅 甲 卯 乙 辰
巳 丙 午 丁 未
申 庚 酉 辛 戌
四
震
月天候
夫人
白虎
藏衣吉
招搖
雷公
軒轅
大時
咸池天狗
運鬼力士

第五圖

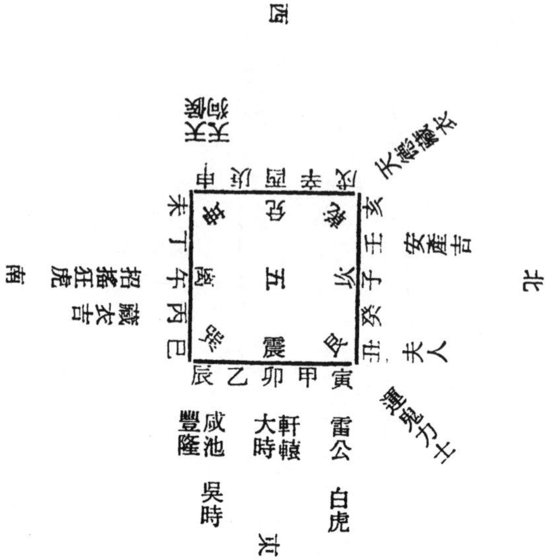
北
西
東
南
五
震
兌
雷公
白虎
軒轅大時
咸池豐隆
吳時
招搖狂虎
藏衣吉
安產吉
夫人

第六圖

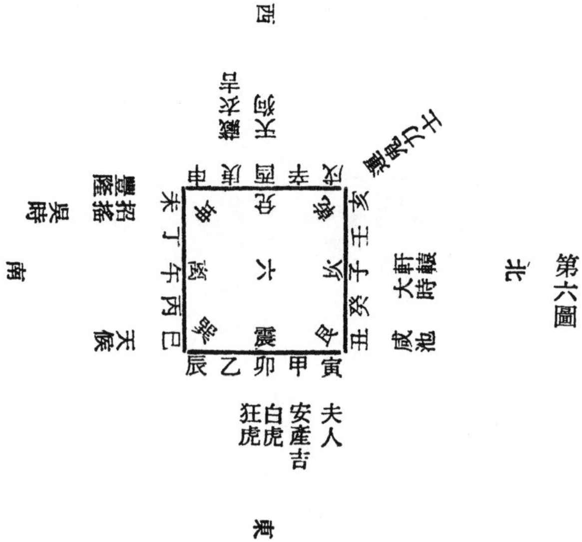
北
西
東
南
六
震
兌
軒轅大時
咸池
天候
招搖豐隆
吳時
夫人安產吉
白虎狂虎

第七圖

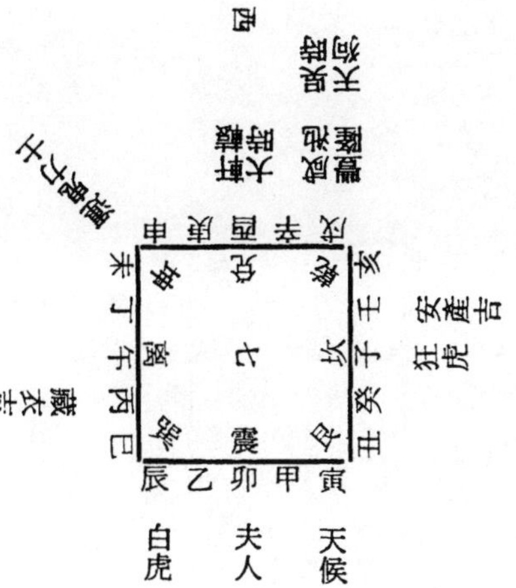
北
南
東
西
安產吉
狂虎
天候
夫人
白虎
藏衣吉
運鬼力士
亥 壬 子 癸 丑 寅 甲 卯 乙 辰 巳 丙 午 丁 未 申 庚 酉 辛 戌
坎 艮 震 巽 離 坤 兌 乾
七

第八圖

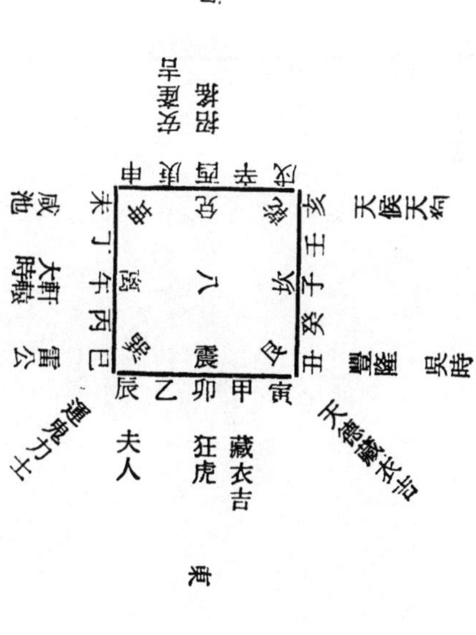
北
南
東
西
天候
天狗
咸池
大軒
時軸
雷公
白虎
夫人
狂虎
藏衣吉
運鬼力士
亥 壬 子 癸 丑 寅 甲 卯 乙 辰 巳 丙 午 丁 未 申 庚 酉 辛 戌
坎 艮 震 巽 離 坤 兌 乾
八

第九圖

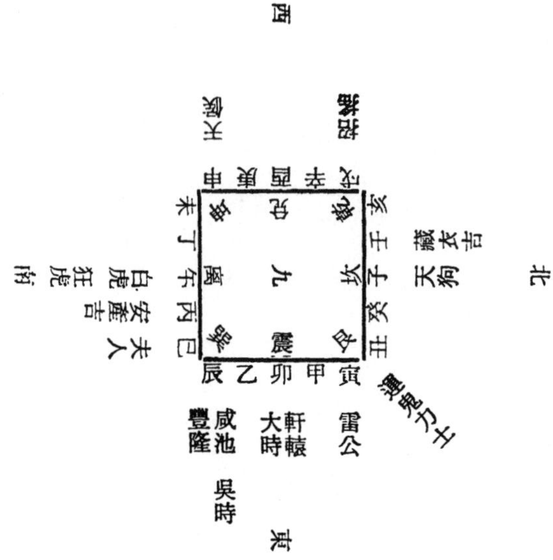
北
西
東
南
雷公
軒轅
大時
咸池
豐隆
吳時
天狗
白虎
安產吉
夫人
狂虎

第十圖

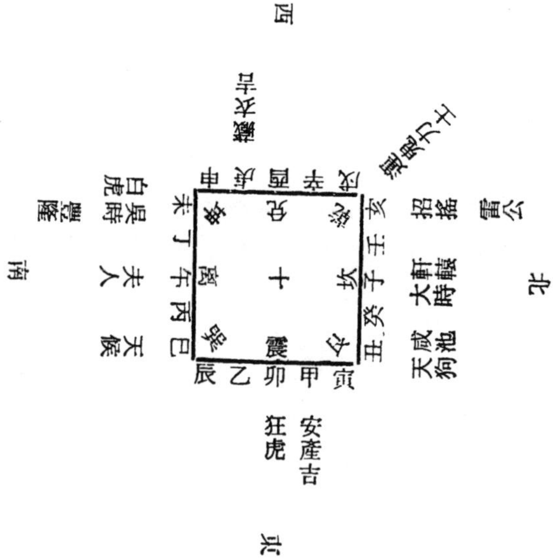
北
西
東
南
軒轅
大時
咸池
天狗
安產吉
狂虎
白虎
吳時
豐隆
夫人
天侯

第十一圖

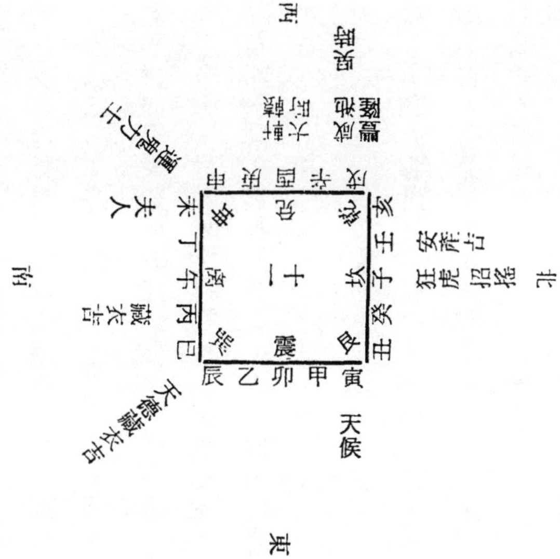

第十二圖

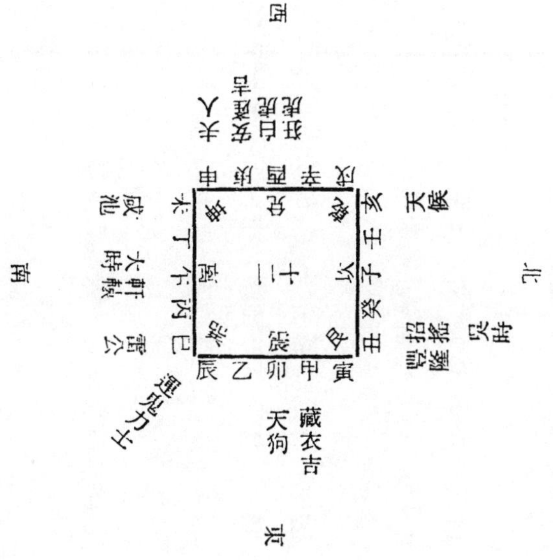

二、生產的禁忌

王充論衡四諱篇首先談到生產的禁忌，講得很詳細：

「三曰諱婦人乳子，以爲不吉，將舉吉事、入山林，遠行度川澤者，皆不與之交通，乳子之家忌惡之，丘墓廬道畔，踰月乃入，惡之甚也……。生與胞俱出，如以胞爲不吉，人之有胞，猶木實之有扶也，包裹兒身，因與俱出，若鳥卵之有殼，何妨謂之惡……。今婦人乳子自在其身，齋戒之人，何故忌之？江北乳子不出房室，知其無惡也。至於大乳置之宅外，此復惑也，江北諱犬不諱人，江南諱人不諱犬，謠俗防惡，各不同也。」——論衡卷二十三，四諱篇。

這段話講到三件事。一、避忌生產以爲不吉。二、孕婦不許在家中生產。三、以胞衣爲不吉。可見漢以來就有了這幾件生產禁忌，直到五四運動以前，一般社會習俗男人仍然不願意入產房。

清文康兒女英雄傳第三十九回，鄧九公道：「今日正是兩小子的滿月……今兒個屋裡也不算暗房哩……就請老弟你到屋裡瞧瞧。」

清人小說有此記載，可以爲證。據我的記憶，北平習俗男子不入產房，雖至親姑嫂生產亦不親自探視，妻子生產時丈夫不得留在產室，產室通常叫暗房，但所生如果是男孩，就無此避忌了。

近代習俗不是不許孕婦在家中生產，只是不許在別人家裡生產（尤其是孕婦娘家），如果時間緊迫，來不及回家，就要付少量金錢給主人，作爲象徵性房租，也就等於是在自己家裏生產了。

胡樸安全國風俗志下篇卷二，四十一頁洛陽風俗瑣錄，五、禮俗：「婦人在甲家受孕，不能在乙家生產，若外來租戶不知其情，一經遷移，則甲屋已賃出，乙屋不許住，而臨盆在卽，只得在廟中或養生堂誕育，俟滿月後始可進屋。」胡書這段記載正好可作補充材料。

至於避忌胞衣，各地方都一樣，其理由則來源於生產不潔的觀念。

以下再談生產的禁忌：

北平習俗，妻子生產，丈夫不許入產房，據說如此就會難產。古人書裏也有類似禁忌。

圖書集成藝術典四。八卷醫部彙考三八八：

唐孫思邈千金方產難論：「產婦雖是穢惡，然將痛之時及未產，已產並不得令死喪汚穢家人來視之則生難，若已產者則傷兒也，凡欲產時特忌多人瞻視。」

生產以前安排產閣，張貼產圖，以後安產、藏衣都要按照產圖所列宜忌方位去做。

圖書集成藝術典四〇八卷醫部彙考三八八：

「逐月安產藏衣忌向方位：凡安產藏衣方位，並於臥室公布。太平聖惠方云：凡姙婦初入月便寫產圖一本，以朱書某月某日空胎在某位，如正月左丙壬，可於壬位安產婦牀帳、丙位藏衣之類貼在產房北壁，若値閏月只看產氣用之。又云每月產圖有雷公招搖運鬼力士，天狗軒轅大時咸池豐隆吳時白虎大夫天侯狂虎，凡此十三神並從月建易其位……或云凡逐月安產藏衣並向月德月空方位所有十三神煞，並從節氣更換，若交次月節，便作次月用書產圖非也……又堪輿歷年遊年白虎殺神在太歲後一辰，如太歲卯，則白虎在寅，餘倣此，若產及藏衣犯之則子母皆不利。」

月空方位例：正月三月五月七月九月十一月在丙壬，二月四月六月八月十月十二月在甲庚。」

宋朱端章衞生家寶產育備要卷六臨產：「產婦腹痛雖甚，且須令人扶持，徐徐不住行動，若倦亦且扶立，時時令行，令先脫產婦常著衣服一件覆灶頭上……待子逼生，方得蹲坐……產婦臨產須避太歲所在，不得面對太歲蹲坐，恐致憂禍，深戒深戒。」

又藝術典四〇八卷醫部彙考三八八：「推婦人行年法：

生氣方：產婦宜向之坐臥及產帳向之開門大吉。

反支月：端此月卽鋪灰上用牛皮或馬驟皮訖鋪草勿令惡血汚地吉。

禍害方：不得於其上產，又不得向之二便，避之大吉。

絕命方：不得於其上產，又不得向之大小便，避之吉。

懸尸日：遇此日產不得攀繩，宜懸馬轡攀之大吉。

閉肚月：臨月至滿月並不得向之大小便及棄不淨之水，謹之吉。

八庄方：產帳不得向之開門，忌之大吉。」

臨產頃貯水以備應用，有禁水法，貯水咒曰：「南無三寶水，水在井中爲井水，水在河中爲河水，水在器中爲淨水，水在法中爲眞水，自知非眞，莫當眞水，以淨持濁，以正治邪，日遊月殺，五土將軍，青龍白虎，朱雀玄武，招搖天狗，軒轅女妖，天呑地呑，懸尸閉肚，六甲禁諱，十二神王，土符伏神，各安所在，不得動靜，不得忌干，若有動靜，若有忌干，施以神咒，當攝汝形，阿佉尼阿毗羅，莫多梨娑地梨沙訶。」

產前臨月孕婦母家要來「催生」，這「催生」只是禮俗儀式，希望她順利生產而已。眞正催生係在難產時舉行，催生有用「催生符」的、有用偏方的，舊的婦產科醫書裏記載有許多催生方術，「催生符」也有好幾種書法，依次敍於後。

催生符：古今圖書集成藝術典四〇八醫部彙考三八八：

龔信古今醫鑑：催生符式「生九天大力魔軍，速降威靈，攝天生，急急如律令敕」右用朱砂研細，以新汲水濃調勻，將新筆蘸朱砂，於浸晨未食時，至誠念：「九天大力魔軍，速降威靈，天生急急如律令敕」至「生」字，急寫「生」字，却於「生」字下面一劃一下遶匝，心想胎元被筆推轉，令急如律敕一筆推下，須是隨筆一句念令筆咒俱盡，候乾剪下，摺作一丸，用黃蠟丸之，朱砂爲衣，濃煎木香湯送下，待痛頻時服乳香湯亦可。」

泰明子編萬法秘笈四十四頁催生符：「如孕婦因犯胎神，未能順利生產，可用此符水化調水飲之，並念咒誘：『天催催，地催催，催生男，催生女，快落地，麒麟左降生，鳳凰右降生，降生凡間好安程，十二生相面前迎來，生落地，生落地，快生落地，吾奉十二婆姐敕命，火急如律令。』」

同書九十七頁，神秘催生符：「凡遇懷孕足月，理該瓜熟蒂落，若延至十個月以外不生產，硃書此符，分作九道，用當歸二錢煎湯送服，一日服三道，三日服完，定卜呱呱墮地。」

同書九十六頁急救橫生倒產符：「產婦若遇橫生倒產，令產婦不必憂急，將此符化灰，入好黃酒中，以鐵秤鉈燒紅焠酒送服。治難產，取灶心土一錢，水煎去渣，沖符灰服下，即能順產。」

此外朱氏書卷六，卅二頁有治產難諸方：

1.取馬口銜一枚，覺痛卽令產婦左手把之甚效。

2.取東引槐枝手執之。

3.取桃仁，分破書壹片作可字，壹片作出字，依前還合，令母呑之卽產。此天眞法也，神效。

4.子母早生，子母早娩，右收五方氣飲氣書二道，用茅香湯呑之。

5.取大豆一顆擘破，畫其夫姓名於上，以酒呑之。

6.雄蛇蛻一條大者，以頭按產婦臍中，自腰後左繞轉，却以尾按臍中，才匝便下，此法極驗。

此外明李時珍本草綱目裡也有許多催生方術，列舉於後：

本草綱目卷卅八器部。

一、婦人難產及日月未至而產，臨時取夫衣帶五寸燒爲末，酒服之，裩帶最好。（第五頁上）

二、草鞋：路旁破草鞋一隻，洗淨燒灰，酒服二錢，如得左足生男，右足生女，覆者兒死，側者有驚，自然之理也。（第七頁上）

三、婦人難產：路旁破草鞋鼻子，燒灰酒服。

四、婦人難產：鍾馗左脚燒灰水服（第十頁上）

五、婦人難產：用箭簳三寸，弓弦三寸，燒末酒服。

六、難產三日不出，車軸脂呑大豆許二丸。

三、分娩以後

孕婦順利分娩以後，將產婦安置妥當，嬰兒割斷臍帶，沐浴全身，洗拭口眼，穿好衣服，生產行事已經完成三分之二，自分娩到滿月爲止，這一個月裡仍有許多禁忌和迷信。

生產後第一件重要的事就是埋藏胎衣，不能隨便棄置，否則血汚沖犯三光，必然招來不幸。這固然是由於自古相傳生產不潔觀念，尚有「胎衣」一般講陰陽採捕的人都認爲是珍貴的東西。據李時珍本草綱目卷五十二人部所言，人胞卽胞衣，又名「紫河車」，醫家用爲滋補的藥，有益氣補精之效，尤其難得的是頭胎紫河車，因此生產後一定要愼重埋藏胞衣，若是被人拿去配藥吃掉，嬰兒就會遭遇不幸。（紫河車配藥的事，古書中言者頗多，如金瓶梅第四十一回王姑子與吳月娘配符藥種子，及紅樓夢第二十一回賈寶玉、王熙鳳的談話。）朱端章產科備要卷六有十二月產臥藏衣吉凶方位圖。

生產之後，嬰兒的臍帶也要愼重處理，剪斷時仍要留下一小段，盤結起來，用棉花軟布包好，不可沾水，免得潰爛，引起「臍風」，三五天後臍帶乾枯了，自然脫落下來，成爲凹下的「臍眼」，這樣最好；若是臍帶未落之前，嬰兒哭得時間太長，就會成了「氣肚臍」，將來臍帶脫落之後，臍眼突出，這雖不妨礙健康，仍是不好看。落下的臍帶據醫家說法可以解胎毒、稀痘。李時珍本草綱目卷五十二初生臍帶附方預解胎毒：「初生小兒十三日以本身剪下臍帶燒灰，以乳汁調服，可免痘患。或入殊少許。」

民俗雜誌復刊第一卷第一期（民國廿五年六月出版）第廿九頁有瓊崖島民俗誌出生：「胎盤及產婦生產所穿之衣服，產褥污穢之物，產後包作一束，由老婦持往拋河中，所割臍帶用紅紙包存，滿月後托人帶往遠處拋棄，以大都市最熱鬧之地爲最妙，據云此臍經多人踐踏，則此兒必胆志均大。」這可說是處理臍帶的另一種辦法。

初生兒沐浴、剃胎髮亦須選擇吉日：

圖書集成藝術典卷四〇二醫部彙考，小兒初生條：

「新生浴兒以猪胆一枚取汁投湯中，以浴兒終身不患瘡疥。……兒生三日，宜用桃根湯浴，桃根、李根、梅根各二刄，枝亦得㕮咀之，以水三斗煮二十沸，去渣浴兒良，去不祥，令兒終身無瘡疥。治小兒驚辟惡氣，以艾虎湯浴，艾一斤，虎頭骨一枚，以水三斗煮爲湯浴，但須沐卽煮用之。」

古人雖然留髮，成年之後並要加冠簪笄，但初生兒的胎髮則必先剃去，以除汚穢，所以產育諸事都列有剃胎法吉日。

「集驗方……京畿初剃小兒頭不擇日，皆於滿月日剃頭，蓋風俗所尙；前此產婦未得出產房，滿月卽與兒俱出，以謂胎髮穢惡，多觸灶神，小兒不安，故此日必剃頭而出。」

外臺崔氏初剃兒頭良日：寅丑日吉，丁未日凶。——產育備要卷六。

今通行選擇書玉匣記有小兒剃頭吉日：忌丁火日初五日剃胎頭主兒黑，三十日剃胎頭主兒天。據集驗方滿月剃胎髮，唐代習俗已是如此，至今唐書藝文志著錄集驗方共有四種，爲姚僧垣集驗方，名醫集驗方三卷，陸氏（贄）集驗方十五卷，薛景晦古今集驗方十卷。通俗小說醒世姻緣傳第二十一回：「轉眼之間過了年，忙著孩子的滿月，也沒理論什麼燈節；十六日春鶯起來梳洗，出了暗房……可可的那十六日是個上好的吉日，煞貢、八專、明堂、黃道、天貴、鳳輩都在這一日裡邊正正的一個剃頭日子，又甚是晴明和暖，就喚了一個平日剃頭主顧來與小和尙剃胎頭。」北平習慣也是滿月剃胎髮，並將剃下的胎髮收集起來用紅布包好，縫在小兒枕旁，據說這樣做小兒就不會驚懼胆小。

林財源臺灣採風錄卷一做滿月：「產後屆一個月爲滿月，此日當將幼嬰之髮剃脫，又有擇定廿四日者，係取廿四孝之義，望其子將來能行孝道之意……將鷄蛋、鴨蛋合煮，將煮蛋之湯傾入面盆，再投入錢十二枚、石一個、鷄蛋一個、葱少許，用葱搗汁注於兒胎髮上，再用蛋淸塗抹，然後剃光，稱爲剃胎。」可見臺省習俗通常亦是滿月剃胎髮，廿四日剃胎髮之例，除臺省外別無所聞。

小兒出生以後三天不給他哺乳，只用棉花球蘸甘草泡的溫開水滴到嘴裏，有的地方先用新靑布尖蘸大黃和黃連熬的汁滴到嘴裏，據說可以去胎毒，將來出痘稀少，直到胎兒排洩出黑綠色胎屎以後，才請一位正在哺乳的婦女為他「開口」，胎兒是男孩，就要請哺餵女嬰的母親或乳母來「開口」，女孩就用哺餵男嬰的婦女「開口」。還有產房禁止生人走動，尤其忌穿孝服的人和孕婦，據說是怕被「踩了奶」，產婦就沒有乳水哺兒了，這是北平的老媽媽論兒。

這一個月裏產婦要休息保養，要忌生冷，不能吹風，不可以洗頭洗澡，不可以穿針、縫紉刺繡，如果保養不好，就會留下病根，一生痛苦。此種生活臺灣謂之「做月內」，北方稱為「坐月子」。產房叫做「暗房」，是汚穢的，進過產房的人不能祭神或參加喜慶典禮，而且也沖運氣，除非至親女眷，男客從沒有進產房的。

產婦要吃補養的食物，一方面補生產時失血的虧損，一方面也希望能有充沛的奶水哺育嬰兒。不過各省習慣不同，產婦所吃的補養食物也各異，臺灣講究吃雞酒、麻油雞、油飯；北平人的產婦食物則有小米粥、白煮雞蛋、清燉雞、七星肘子、鯽魚、芝麻鹽、核桃仁、槽糕、缸爐、黑糖，據說七星肘子和鯽魚是下奶的。

除了食補以外，產婦還要吃一兩劑平安藥，普通是用桃仁、紅花、當歸、益母四種藥各等分煎服，可以下淤血、去惡露。通俗小說常講婦人生產後要服「定心湯」，不知是何藥品。

生產以後，當天就要祭告祖先，分別到至近親友家去送信，並奉上煮熟染紅的鷄蛋，生男孩送單數，生女孩送雙數，親友收到紅蛋，就要帶禮物來看望道賀。如果是頭胎，嬰兒的父親要到產婦娘家去向岳父、岳母叩頭道喜；都是北平規矩，各省習俗也是大同小異，不過臺灣人生小孩向親友家報喜送的是油飯而非紅蛋。

嬰兒出生，親友來賀，普通都是「做三朝」和滿月，本書第五章將詳述產育禮俗，今從略。

四、生子不擧

生產之後就把新生兒棄掉不養育，古人稱爲「生子不擧」，考其原因，大約有三：一、非婚生子，爲了名譽與面子，不得不棄。二、貧寒人家兒女過多，無力養活，只得忍心棄掉，甚至溺殺。加以古來重男輕女，女孩俗稱「賠錢貨」，養一個女孩自幼要供她穿衣吃飯，長大之後還得花一大筆嫁妝費，實在是賠本的事，所以貧寒人家不是把女孩賣掉，就是生下之後卽予拋棄，中國人口結構普遍男性多於女性，比例之高，或許與此有關。顏氏家訓裏已談到這件事，卷一治家篇第十七頁：「世人多不舉女，賊行骨肉，豈當如此。吾有疏親，家饒妓媵，誕育將及，便遣閽豎守之，體有不安，窺窗倚戶，若生女者，輒持將去，母隨號泣，莫敢救之，使人不忍聞也。」一般人家總是先棄女嬰，因爲男孩長到十歲左右，就可以去放牛割草，作家庭的幫手。從前農業社會祝福人家往往用「添丁進財」，這話含有經濟意味：添丁就可以增加生產力，當然會進財了。棄嬰因爲是不人道的行爲，所以筆記小說裏常有溺殺女嬰得到惡報的故事。

三、由於迷信的生子不舉。最爲人熟知的就是「五月五日生子不舉」，其實不止月日不好，生產時情形特別也包括在內。我們把古書裏所談到的列舉於後：

王充論衡四諱篇：「諱舉正月五月子，以爲正月五月子殺父與母……昔齊相田嬰賤妾有子，名之曰文，文以五月生，嬰告其母勿舉也，其母竊舉之。及長，其母因兄弟而見其子文於嬰，嬰怒曰：『吾令女去此子，而敢生子，何也？』文頓首因曰：『君所以不舉五月子者，何故？』嬰曰：『五月子者，長至戶將不利其父母。』文曰：『人生受命於天乎？將受命於戶耶？』嬰嘿然。文曰：『必受命於天，君何憂焉？如受命於戶，卽高其戶，誰能至者？』嬰善其言曰：『子休矣！』」

王充書中只說「諱舉正月五月子」，並沒有談到是那一天。但是又據西京雜記和沈約宋書記載王鳳和王鎮惡都是五月五日生，可證明古代習俗大約最忌諱的就是五月五日生的孩子，才主張不舉。

後漢書卷九十五張奐傳：「爲武威太守，其俗多妖忌，凡二月、五月產子及與父母同月生者悉殺之，奐示以義方，嚴加賞罰，風俗遂改。」是二月也加進去了。

後來又添上七月。紅樓夢裏王熙鳳對劉老老說：「正是養的日子不好呢，可巧是七月初七。」（見第四十二回）不論南北，大抵都認爲七月十五日是鬼節，七月初一日是陰曹地府開鬼門關，常有鬼偸生，投胎人間，通常以爲七月十五日生的小孩是偸生鬼投胎，可能活不常。還有臘月初八日是如來佛出家日，北平人認爲那天出生的人命孤，將來不是孤寡就得出家。

不過因爲小孩的生日不好就不養活他的事，已經漸漸少了，因爲「不祥」的月份裏照樣有許多英雄偉人出生，哪個父母不希望兒女能和同月生的偉人一樣？於是都個迷信就打破了。

還有生產時情形特殊的也是「生子不舉」。據後漢應劭風俗通義曾講過：

一、不舉併生三子，俗說生子至于三，似六畜，言其妨父母，故不舉之。

二、不舉寤生子，俗說兒墮地便能開目視者謂之寤生，舉寤生子妨父母。（鄭莊公寤生，故取名「寤生」，母親武姜不喜歡他，可見此迷信由來已久。）

三、不舉父同月子，俗云妨父也。

四、不舉鬢鬚子，俗說人十四五乃當生鬢鬚，今生而有之，妨害父母。

北平俗語說：「雙頂磨得娘跳井」，「雙頂」就是頭上有兩個髮旋的孩子，其脾氣執拗，所以折磨得娘想跳井自殺。又嘴裏生「虎牙」的孩子也妨父母。

總之，古人因迷信造成的「生子不舉」大部分地區已然漸漸消除，唯因貧窮或名譽引起的「生子不舉」仍然不免。

五、產厄及產亡

古人不懂產前檢查，爲防止墮胎流產，又不許孕婦多運動，如果懷孕期間再多進補養，胎兒過大，生產困難，於是發生產厄，甚至胎死腹中，造成母子俱亡的慘劇，所以醫書、方術書裏都有救治產厄的方法。

一般所謂難產不外生產遲慢、橫生倒產、胎死腹中，胎衣不下，毋死子活或母子俱死數種情形，從前並無精良外科手術可以剖腹取嬰，遇到難產，除了服藥催生就只有乞靈於神佛符咒了。難產死者痛苦萬分，所以一般人都認爲「產亡」也是橫死，和其他橫死的鬼一樣也要討替求代的。

祭祀產亡的鬼由來已久，漢書卷二十五郊祀志上：「是時上求神君，舍之上林中磃氏館。神君者，長陵女子，巳乳死，見神於先後宛若，宛若祠之其室，民多往祠，平原君亦往祠，其後子孫以尊顯，及上卽位，則厚禮置祠之內中，聞其言不見其人云。」（此平原君爲武帝外祖母）那段記載和後代頂香下神情形完全一樣，看「民多往祠，平原君亦往祠，其後子孫以尊顯……。」一都種情形，似乎產亡的女鬼已成爲保佑後嗣的神了。

產亡既視爲橫死，因此關於產亡的避忌殊多，從魏晉小說裏已可找到幾則生產的故事，其中二則是關於產亡的。

干寶搜神記卷十六：「諸仲務一女顯姨嫁爲朱元宗妻，產亡於家，俗聞產亡者以墨點其面，其母不忍，仲密自點之，無人見者。元宗爲始新縣丞，夢其妻來上牀，分明見新白粧，面上有黑點。」

由這個故事知道魏晉以來就有在產亡的婦人臉上點黑點的習俗，這樣做是爲了什麼，搜神記沒有說明；據我個人的想法，在產亡婦人臉上做記號，都和北方在殤亡兒童身上做記號的意思差不多，都是怕死者轉生再來。

又劉敬叔異苑：「沛國武操之妻林氏，元嘉中懷身得病而死，俗忌含胎入柩中，會須割出，妻乳母傷痛之，乃撫屍而咒曰：若天道有靈，無令死被擘裂。須臾屍面赩然上色，於是呼婢共扶之，俄頃兒墮而屍倒也。」

含胎入柩不知後代是否也同樣忌諱？可是民間傳說鬼母夜間出來用紙錢買糕哺兒的故事，流行很廣，戲劇也有墓中生太子，情節和那故事差不多。

古代認爲生產是汚穢不潔的事，因此相傳產亡的婦女死後要入血池地獄（也有作血湖、血盆的），婦女爲免死後入血池地獄，多在生前到寺院念經拜讖，藉以消除宿業。道藏目錄詳註卷一列字號有元始天尊濟度血湖眞經上中下三卷，卷二草字號有太乙救苦天尊說拔度血湖寶懺一卷。通俗小說裏也有念血池經的記載，例如金瓶梅第六十三回李瓶兒病重時對王姑子說：「我死後你好歹請幾位師父與我誦血盆經懺。」

中華全國風俗志下篇卷四湖州閒俗談血河懺：「凡婦女產後而死，家屬恐其入血河地獄，為代其超生，塑一死者草像，身穿披掛紅裙，挂入僧廟大鐘之中，將鐘晝夜徐徐而撞之，每至七日加一蒲團（草做拜墊），旁有和尚念經，如是者四十九日，計七蒲團加盡，然後親族俱來，卽在此廟念咒作法，舉放烟火，並造許多紙人紙馬以及城垣橋池惡鬼等，連同所塑之草人一併焚化，卽所謂破開血河池，死者超生也。」

撞鐘使產亡婦女超生的故事初見於宋何遠春渚紀聞：「余仲兄馬氏嫂之母符離高氏女，年二十以產乳歿，其父朝議君念之深切，夢女告之曰無他作冥助，第呼畫人狀我，並令像與我身等，召鄰僧使糊鐘間，祝撞鐘人多許之金，令晉昏聲鐘時，呼我名氏而懺祝之，俟此像忽自脫落，了無損動，卽我超生之兆也，如其言，不數月，忽夢女銖衣寶冠稱乘功德，今當生樂處矣，夢覺未及語，寺僧叩門，以脫像為示，果無少損」可見這習俗起於宋代，已然有很久的歷史了。

北平習俗婦女喪事，不論死者年老年少，是否產亡；只要生育過，就要焚化紙糊黃牛一頭，意思是要牛替死者喝掉生產時的污水。

產亡卽是橫死，所以產鬼是討替的。淸同治時人許叔平著里乘卷五有兩段產鬼的記載，一敍周孝廉妻被產鬼惠氏所救故事，一係產鬼畏繖，記畢酉騙求代產鬼事，這段故事寫得很詳細：

「鄉民畢酉素有膽識，嘗以妻有娠將產，月夜趁墟回家，道逢一女子蹣跚獨行，同路數里，略不聞其鼻息，心竊異之，試叩其氏族，當此午夜，獨行何之，女子答曰：妾非人，乃產鬼也，前村畢家婦分娩在卽，特往討替去。酉大驚，默籌所以制之……而又問：汝爲鬼幾何年矣？曰：於今十有三年矣。曰：求替何遲遲也？曰：陰曹必計平生善惡以判遲速，孽滿方准求替，故遲遲以至於今也。曰：求替亦有術乎？曰：有，凡產鬼喉間各有紅絲一縷，名曰『血餌』，以此縋入產婦腹中，繫其嬰胞不使遽下，又暗中頻頻抽掣之，令其痛徹心髓，雖健婦只三五抽掣則命畢矣。酉佯笑曰：此術誠巧，未審有法制之否？但笑而不言。酉又詰之，則曰：制之亦自有法，但汝切不可告人。酉指天申誓，決不泄語，鬼悄語之曰：產鬼最畏雨繖，以一繖置戶後，卽不敢入房矣。酉曰：然則更無別術乎？曰：君必勿泄，乃敢畢其詞。酉曰：固申誓矣，倘泄語卽與汝等，鬼又曰：如不能入房，則伏屋上，以血餌縋入產婦口中亦可，倘於床頂再張一繖，使血餌不下縋，則鬼術窮矣……。」這段故事雖是鬼話連篇，但至少我們可以藉此窺見前人對產鬼的觀念了。（按此書作於清同治十三年）

第五章　生育的禮俗

古人重視嗣續問題，所以天子諸侯以及貴族們都認爲誕生元子乃是重大之事，有許多隆重的禮節，禮記內則有很詳細的記載。

民間通行的禮俗，先秦兩漢的書裏記入不多，顏氏家訓裏才有「抓週」的史料，唐人詩裏也講到吃滿月酒，湯餅宴的事，宋人筆記裏資料更多，所以生育的禮俗第一節專講古代習俗，以下按我國地區分華北、華中及臺省三部分來研討。

一、古代生育的禮俗

禮記內則和賈誼新書都有生子的禮節，現在將貴族、士、庶人分別研討。不過這兩部書所記的禮節可能是漢代儒家的理想，當時實際情形如何？那就無此證實了。但是禮俗是互相影響的，不論婚喪嫁娶那一種典禮，通常都是富家踵事增華，奢侈過分，於是有識之士就出來大聲疾呼一切從簡。有時執政當局爲了提倡節約，防止頽風，才根據當時通行的習俗制定一套不豐不儉的禮制來。所以禮記內則和賈誼新書所記的生子之禮，我們只能承認其性質和現在行府所宣佈的國民生活須知相仿，它只是一個標準，和事實可能有些距離，實際情況仍要由古書裏無心保存下來的史料裡去發掘。

添丁進口本是喜事，所以親友來賀，也是常情。漢書卷卅四盧綰傳：「盧綰豐人也，與高祖同里，綰親與高祖太上皇相愛，及生男，高祖、綰同日生，里中持羊酒賀兩家。」漢高祖出生時劉盧兩家都非貴族，可見當時民間也有祝賀生子的習俗。越王勾踐自吳國回來生聚教訓，曾有一套人口政策，國語越語上曾有記載：「將免者以告，公令醫守之，生丈夫，二壺酒，一犬，生女子，二壺酒，一豚……。」這雖不能肯定是賀生子的最早記錄，至少是根據民情送給生子的人家，表示祝賀的禮物，只不過是勾踐送的，就不像親友送豚酒那樣單純爲了祝賀，它同時也兼有獎勵的意義在內。

古代小孩初生也有乳名，而且和後代一樣，好取賤劣的名字。比如西漢大作家司馬相如幼名「犬子」，長大讀書，慕藺相如爲人，才自己改名相如。漢書顏師古注曰：「父母愛之，不欲稱斥，故爲此名也。」顏氏的解釋不能使人滿意，實在給小兒起個不好的名字是因爲愛他，怕他長不大的原故，這個想法一直流傳下來，如今鄉村兒童還有不少叫「狗兒」的，世說新語裏也提到許多魏晉名人的小名，都不怎樣雅馴哩！

秦漢人生子祝賀是在什麼時候已然是無可考了，祝賀滿月正式記錄見於新唐書卷三高宗本紀：「龍朔三年七月戊子，以子旭輪生滿月，大赦賜酺三日。」又安樂公主生男滿月，中宗韋后幸其第。大約賀滿月唐代已經通行於宮廷和民間了。

生兒宴客叫作「湯餅宴」，大約是因爲此宴中主要食品爲湯餅，卽是麵條。由劉禹錫贈進士張盥詩：「憶爾懸弧日，余爲座上賓；舉筯食湯餅，祝詞添麒麟。」可作證明。早在顏氏家訓裏已詳細講小孩週歲抓週的習俗，顏氏家訓卷二食操篇：「江南風俗，兒生一朞，爲製新衣，盥浴裝飾，男則用弓矢紙筆，女則刀尺鍼縷，並加飲食之物及珍寶服玩，置之兒前，觀其發意所取，以驗貪廉愚智，名之爲試兒，親表聚集，致讌享焉。」試兒的習俗一直到清代仍然流行，書中也有記載，不過已改稱「抓週」，不叫「試兒」了。最有名的例子就是紅樓夢賈寶玉抓週只抓脂粉釵環的故事。

宋周密武林舊事卷八宮中誕育儀例略：「……候降誕日，本位官卽便申內東門司轉奏降誕，三日、一臘、兩臘、四節，次拆產閣，三脚滿月二次，百晬頭晬以上十次，支賜銀絹……。」

前人記育子習俗，以宋吳自牧夢粱錄卷二十育子條最爲詳細，所記禮俗和近代已然相差無幾：

「杭城人家育子，如孕婦入月期將屆，外舅姑家以銀盆或綵盆，盛粟桿一束，上以錦或紙蓋之，上簇花朵，通草貼套五男二女意思，及眠羊臥鹿，並以綵畫鴨蛋一百二十枚、膳食羊、生棗栗果及孩兒綉䙗綵衣送至壻家，名催生禮。足月既坐蓐分娩，親朋爭送細米炭醋，三朝與兒落臍炙顋，七日名一臘，十四日謂之二臘，廿一日名曰三臘，女家與親朋俱送膳食，如膳豬腰肚蹄之物，至滿月則外家以綵畫或金銀錢雜果，以及綵段珠翠顋角兒食物等送往其家，大展洗兒會，親朋俱集，煎香湯於銀盆內，下洗兒果綵錢等，仍用色綵繞盆，謂之圍盆紅，尊長以金銀釵攪水，名曰攪盆釵，親朋亦以金錢銀釵撒于盆中，謂之添盆，盆內有立棗兒，少年婦爭取而食之，以爲生男之徵，浴兒落胎髮畢，以髮入金銀小合，盛以色線結絛絡之，抱兒徧謝諸親坐客，及抱入姆嬸房中，謂之移窠，若富室宦家則用此禮，貧下之家則隨其儉法。生子百晬即一百日，亦開筵作慶，至來歲得周，名曰周晬，其家羅列錦席于中堂，燒香炳燭，頓果兒飲食及父祖誥敕，金銀七寶玩具，文房書籍，道釋經卷、秤尺刀剪、升斗等子、綵段、花朵、官楮錢陌、女工針線、應用物件並兒戲物，却置得周小兒中座，觀其先拈何物，以爲佳讖，謂之拈周試晬，其日諸親餽送，開筵以待親朋。」

古稱男人生日爲「懸弧之辰」，女人生日爲「懸帨之辰」，這兩個典故出自禮記內則，內則篇裏詳細講到古人生子的禮節：

「……子生，男子設弧於門左，女子設帨於門右，三日始負子，男射女否。」

男孩生後三日要用桑弧蓬矢六，射天地四方，表示志在四方的意思。

「凡接子擇日，冢子則太牢，庶人特豚，士特豕，大夫少牢，國君世子太牢，其非冢子則皆降一等。」

「三月之末，擇日翦髮爲鬌，男角女羈，否則男左女右，是日也，妻以子見於父。」

「姆先相曰：母某敢用時日祗見孺子。夫對曰：欽有帥。父執子之右手咳而名之。妻對曰：記有成。遂在還授師，子師辯告諸婦諸母……夫告宰名，宰辯告諸男名，書曰某年某月某日某生而藏之。宰告閭史，閭史書爲二，其一藏諸閭府，其一獻諸州史，州史獻諸州伯，州伯命藏諸州府……。」

「凡名子不以日月、不以國、不以隱疾，大夫之子不敢與世子同名。」

「庶人無側室者，及月辰，夫出居群室，其問之也，與子見父之禮無以異也。」

由這幾段話可以看出古代生兒各種禮俗，有祝賀生產、剃胎髮、命名、出生人口辦理登記諸事。內則篇還詳細記載了王世子出生的隆重儀式，因可能從未實行，故不述。就是前面所記的禮節，恐怕也只是通行於士大夫之家而已，一般庶人就不一定奉行了；因爲中國自古卽有名言：「禮不下庶人」。

二、北平的添丁進口

華北地區民俗可以北平爲代表，理由很多，不但因爲北平是七百年的古都，保存的禮俗很齊全，而且京城首善之區和鄉間不同，特別講究體面排場，和外省的「怯鬧兒」有異；清代俗諺說：「北京城有三宗寶，人情、勢力、腦袋好。」所謂「人情」，就是紅白喜事都要辦得有聲有色，才算是住在大城裏見過大場面的人呢！

北平人認爲添丁進口是大喜的事，若是久婚不育，突然喜獲麟兒，或是父母在堂，長子婚後第一胎生了男孩，那更是天大的喜事。

北平人生小孩的祝賀節目有催生、三朝、十二天、滿月、百歲、周歲六個，不過「催生」、「十二天」和「百歲」三個節目只是產婦娘家前來祝賀，其他親友是不必來的。

預計產期前約二十天左右，孕婦娘家就有人來催生，通常都是孕婦的母親或嫂嫂前往，要帶去大批禮物，這批禮物包括兩類，一、嬰兒用衣物：有毛衫、幅子、兜肚、圍嘴、小枕頭、小被褥、油布（鋪在褥子上，防止嬰兒小便弄濕褥子）、頭擋（厚布夾棉作成，立在小兒枕前，以防冷風吹襲小兒頭部）二、產婦補養食品：核桃仁、黑芝蔴、黑糖、小米、挂麵、鷄蛋等。

從前婦女都在家中生產，孕婦也沒有產前檢查，只在產前請姥姥（北平稱助產士爲姥姥）來看一兩次，摸一摸孕婦的肚子，就告訴孕婦大約幾時可以生產，然後孕婦就在家裏待產。孕婦家中如果有女僕，就要先指定某一僕婦專在產房裏服侍產婦，照例是要給他雙份工錢的，孕婦娘家也要特別賞她，因爲她要洗產婦血污的衣服和嬰兒的尿布，如果平日不用人，生產時也要請一個臨時女僕作一個月，俗名叫做「伺候月子的」。

孕婦分娩那天要在產房裏供奉子孫娘娘、催生娘娘、送生娘娘的神禡，除了香燭，供品是用「破邊缸爐」（一種甜點心）。到小兒出生後第三天，洗三以後再焚化神禡送神，等到分娩以後，不諸生男生女，嬰兒父親都要在祖宗神佛前上香祭告，然後再向家中尊長報告說：「給您道喜，您添了孫子（或孫女）。」重要的是要到產婦娘家向岳父岳母叩頭道喜，同時還要煮許多鷄蛋，染成紅色，分送至近親友，生男孩送單數，生女孩送雙數，收到紅蛋的親友都要來看候道喜，最晚也要在生後第三天來，因爲第三天以後生人就不能進入產房看望產婦了，說是「怕踩了奶」，「踩了奶」產婦奶水不下來，嬰兒就要缺奶吃了。生產是女人的事，男客不可進入產房，看望產婦的親友當然都是女客，少不得要帶些禮物，普通都是送「槽糕」和「缸爐」，「槽糕」是小型蛋糕，「缸爐」是發麵製成的甜餅，兩種合打一蒲包，約四五斤重，民國十五六年時大約用銅元二百枚。有時不送槽糕缸爐，就送鷄蛋、挂麵之類。洗三以前來探望的親友只是看看產婦和嬰兒，向這家的長輩道喜，少坐即去，主人只用菸茶招待，不必留飯的，但送客時要約她洗三那天來吃喜麵、添盆。小兒出生後，最初一兩天是不必哺乳的，只用潔淨的棉花球蘸甘草水滴入口中即可，到洗三那天請人給他「開口」之後，就要按時吃奶了。

「洗三」那天中午，主人要準備「炒菜麵」招待親友，「炒菜麵」是北平招待人的便餐，舉凡洗三、滿月，大人過壽，娶媳嫁女以及喪事接三，伴宿等中午都用「炒菜麵」招待，晚餐才是正式的酒席。「炒菜麵」先上四個、六個或八個熱炒時菜，然後是一大海碗「肉片全滷」，一中碗「乾炸甜麵醬」，隨帶麵馬四色，先吃酒，再上煮好的「麵坯」，每位一碗，或澆滷或拌醬各取所嗜。

「洗三」儀式在產房裏擧行，中華全國風俗志下篇卷一，京兆禮俗雜誌：「北京城內凡小兒生後三日，名爲洗三，是日必招收生婆到家，酒食優待，然後由本家將神紙（俗呼娘娘碼兒）（並床公床母之像供於桌上，供品用毛邊缸爐五盤，由收生婆燒香焚神紙畢，將煮沸之槐條水傾入盆內，旁置涼水一碗及兩盤，一盤盛胰子（香皀）碱，胭脂、粉、茶葉、白糖、青布尖兒、白布數尺、秤鉈、剪子、鎖、鏡、梳等物。一盤盛鷄子、花生、栗子、棗、桂圓、荔枝等物，均染成紅色，諸親友齊集床前，將各樣果子數枚投於盆內，再加冷水兩匙，銅元數十枚，名爲添盆，添畢，由收生婆洗小兒，洗罷，再將小兒臍帶帶盤於肚上，敷以燒過之明礬末，用棉花包好捆好，所有食物及盆中銀錢等物都由收生婆攜去，洗三告終。」這段記載頗爲詳細。洗三當天並請一位現在哺乳期的婦女爲嬰兒「開口」，如新生是男孩，就由一位哺養女孩的婦女給新生嬰兒哺第一次奶，新生是女孩，就由哺養男孩的婦女哺第一次乳，如果這位管「開口」的婦女是親友，就送一些紅蛋喜果表示謝意，如果是僕婦下人，就賞一個「紅包」。這時候產婦的乳水也該下來了，擠掉初乳不給嬰兒吃，以後就由產婦自己哺乳，富厚之家此時也該找妥奶媽，開始按時哺乳了。

「十二天」——這是產婦娘家專有的節目，產後十二天產婦娘家母親或嫂嫂前來「過十二天」，主要禮物有包好的餃子和七星肘子，活鯽魚，據說餃子是「揑骨縫」的，是希望產婦身體早日恢復，不要有產後諸病，七星肘子和活鯽魚是催乳下乳的。所謂「七星肘子」就是一隻豬肘子，豬脚腕部份除去毛之後，有七個黑色小圓點（大約是豬的毛孔），因此叫作「七星」；產婦喝用七星肘子燉成的清湯可以下乳，或用活鯽魚作湯，也是對催乳最有效的。十二天以後產婦就可以吃煮得比較軟的挂麵、米飯、餃子、饅頭和清燉鷄、清燉肘子之類的食物，不必天天吃白煮鷄蛋。小米粥加紅糖。芝麻鹽了。產後最初十天，一天三餐都要喝小米粥，所以北平人詢問親友家生產的消息，通常都說：「某某人喝粥了沒有?」

生育後最重要的祝賀之期是「滿月」，也稱爲「彌月」，可是北平的俗例，男孩子生後整三十天是滿月，女孩子生後廿九天就算是滿月了。滿月那天主人要預備酒席請客，親友們洗三那天來的人當然要來再賀，洗三沒有來賀的親友更要來賀。送滿月禮其間大有差別，當然送禮要看和主人交情的厚薄而定，普通是送錢，裝在紅封套裏，封套正面寫「彌月之喜」或「彌月之敬」或「長命百歲」，「福壽綿長」，「福壽康寧」等祝賀文句，左下方寫「某某敬賀」，抗戰前普遍是送兩元，厚一些就送四元，送東西則完全是小兒用品，成套的小孩衣服帽子，成捲的尺頭，還有包金或鍍金的飾物，首飾店有裝錦匣的滿月禮出售。送小孩的飾物有長壽鎖、鐲子、壽星、八仙、鈴鐺、八寶等等，鎖、鐲子是要佩帶在身上的，而且送小孩的鐲子一定要活口的，否則不吉利，壽星、八仙、鈴鐺這些東西都是釘在帽子上的。不過這種飾物的成色都很差，幾乎一半的銅，買來的時候金光燦爛非常好看，經過一年半載就會變黑，那只能賣給收潮銀首飾的人了。所以辦滿月大請客往往會賠錢，就因爲收的全是沒多大用處的小衣服和那些半眞半假的鐲子和鎖。有錢人家辦滿月不止擺幾桌酒席。請請親友就算了，最闊的唱堂會戲，其次的或唱影戲，或來一場十樣雜耍，總要熱鬧一天就是了。滿月那天產婦母親或嫂嫂要給她「滿口」，用喜字饅頭兩個，中夾紅燒肘子一大塊，叫產婦倒坐門坎，面向裏，由母親或嫂嫂送到她嘴邊，叫她極力咬一大口，立卽吃完，名爲「滿口」，據說可使奶水充足。

滿月當天或過後幾天要選個吉日，請理髮匠到家爲嬰兒剃胎髮，剃下的胎髮不可丟棄，要用紅布包好，縫在小兒枕頭旁邊，據說小孩就不會被嚇著了。滿月以後產母恢復正常生活，要選一吉日帶嬰兒到外祖母家去，俗稱「挪臊窩」，離家時候把嬰兒鼻頭上塗黑，回來時候再把他的鼻頭塗白，意思是去時黑瘦回來就變得白胖了。在路上車子出城過橋時，母親要輕輕叫著嬰兒的小名，免得丟魂，一定要在日落之前回到家裏，回家時外祖母要給嬰兒「拴線」，「拴線」是用白棉線一縷拴一個紅包，挂在他的脖子上，北平習慣凡是親友嬰兒第一次來訪，都要給他「拴線」，也就是送見面禮，用白線是希望他長命百歲。

小兒生後一百天叫作「百歲」或「百祿」，外祖母家要來祝賀，這時候小孩已經漸漸長大，開始穿上褲子，不再用裓子包著下半身，所以外祖母家要贈送小兒許多衣服、小鞋子，還有一輛彩畫的嬰兒車，北平俗名「婆婆車」，最重要的是在蒸鍋鋪（饅頭店）定製一百枚發麵蒸的小壽桃，用棉線串成一項圈式，由外祖母或舅母爲小孩挂在頸項，然後套過全身，由足部褪下說是被鎖住了，小兒一定康强長壽。

小孩週歲過第一個生日，至近親友都要來祝賀，這次送的禮物都是小孩用的衣服、鞋子和玩具，從前沒有賣童裝的商店，送的衣服、鞋子都是各親友家少奶奶、小姐們親手做的，擺在那裡，等於是刺繡女紅的展覽和比賽。俗語說：「姑姑的鞋，姨姨的襪，姥姥的兜肚，舅母的掛。」意思是小孩有這麼多長輩，一定打扮得十分漂亮的。

慶祝週歲最重要的典禮就是「抓週」，「抓週」時要擺設許多士農工商的用品以及吃食、玩具，北平習俗還要放上一根油條，俗語說：「吃油燴先長腿。」據說小孩抓到油條，很快就會走路的。此後小孩每年生日。除了外祖母家，別的親友是不會來祝賀的，只有到第一個「整壽」——十歲時。一般親友才會爲他過生日。

三、江南的生育習俗

江浙富庶之區，所以生養、婚嫁、死葬禮俗都很講究。各地的竹枝詞和記風土的筆記都有詳盡的記載，我們根據這些資料，整理成爲這一節。

記土俗之書以淸范祖述之杭俗遺風最爲詳盡，范書：「子生之初，卽備喜蛋酒果送往外家報喜，外家隨備衣裙喜蛋鷄子喜果等送來，卽將喜蛋各物添備分送各規友，其親友陸續回送湯盒。如火腿、鷄肚、桂圓、索麵之類，三朝燒太均紙，如鷄嘴閉者下胎男，如嘴開者則女喜矣，其效極驗。彌月薙頭，發帖擺酒，送禮者帽一頂，或和尙式或琴童式，劉海線搭帽箍不等，上綴銀器如壽星，獸頭之類，粉造餻團一副，百祿送回嘴一個，細綉、挑花綉花不等，上綴銀鐲一雙，麵造壽桃二盤，週歲送鞋襪各一雙，紬段不等，粉造週餅二盤，如外婆家及至親則更有衣裙襖褲之類，是日均須用素菜十碗，茶麵等齊供王母壽星

，週歲則孩著鞋襪，載百家鎖，坐竹車，而車下須置坐餅及糖餅，使之有坐性也。」（小方壺齊輿地叢鈔等六帙）

又中華全國風俗志下篇卷三武進社會狀況生兒條：「凡遇生產，須向舅家送毛米粥，向親戚故舊送紅蛋，三朝請三朝酒，滿月請滿月麵，週歲請週歲酒。凡爲之親戚故舊者，月內須送湯（鷄鴨鯽魚鷄蛋糖果等），週歲須送禮物（酒麵首飾衣料鞋帽等），然此皆爲婦女第一次生兒事，生女則從儉，第二次以下無此煩文。」（第七十八頁）

不論南北，人們祝賀生子三朝、滿月、週歲的禮俗實是大同小異，並且源遠流長，擧一反三，似乎不必疊牀架屋，多所徵引，今只引用中華全國風俗志下篇卷五壽春迷信錄作爲結束：

「凡產婦臨盆時，盆中汚水戒隨意亂潑，俗有送生娘娘之說，恐汚及娘娘之身，遭其譴責也。

嬰兒三日後必爲之洗淨，謂之洗三朝，置紅鷄子床前，使產婦焚香禱告，謂之拜床公床母，若產母有病，令喜婆代拜。

嬰兒滿月剃頭後，須請舅父懷抱，游行通衢之上，遇行人則謂小孩曰：認得否？弗要怕。俗意以爲將來不致怕生人也。

嬰孩週年之日，置食物、農工器（係模型）及小銅刀、赤劍、紙筆物於案上，使其隨意攫取，謂之抓週，俗意以爲觀其攫取何物，可知其將來之志所向也。」

四、臺省產育習俗

本省住民大多數皆由福建、廣東移來，所以禮俗亦隨移民帶到寶島，可是我個人既不會講閩南話，又不會講客家話，想要採風問俗也辦不到，雖然認識許多本省朋友，也沒有談到什麼風俗禮節的事，爲免錯誤，只好採用別人完善的紀錄了。臺北文物第九卷二、三期合刋內有朱鋒先生撰臺灣古昔的喜慶（家禮之三）一文，今錄用第一節生育，並採他書加以補充。

臺灣古昔的喜慶

朱　鋒

一、生　育

〔傳宗接代〕父母爲子女完婚，旨在傳宗接代。婚姻僅是一種合法的手段，而生男育女是其目的。雖然有了結婚，而沒有生男育女，或僅有育女不生男，確是人生一件憾事，所以婚後男女力求生育，如不達到願望，除就中醫服藥外，還有一些補救的方法。

〔栽花換斗〕結婚多年，而不生男育女者，女人央託牽亡（女巫）發作，往陰間探花欉。女人視爲花木，紅花者卽代表子嗣，白花者代表女兒。觀看花蕊多寡，或已開花，或已結蕾，根本上之土質是否結實，或培養狀況如何？然後直告委托者並爲其設法補救。此擧稱爲「栽花換斗」，不外期得早生貴子而已。

〔換肚〕若是女人僅有育女而不生男者，除由女巫栽花換斗以外，每於生產之後，在月內之間，多吃猪肚，藉以換肚，作爲生男之兆。

〔過房與分子〕用盡各種方法，仍不生產者，爲了傳宗接代計，不得已要抱養他家兒女承繼。古昔有一種規矩，明文記載在家譜，必須先向宗族中之有子女衆多者抱養，稱爲「過房」，若宗族中無人肯分與抱養者，始得向族外淸寒而子女衆多者抱養承繼，俗稱「分子」。

〔病子〕男女兩性經過婚嫁，除了一方有毛病者外，大都會生育兒女。尤在女人，結婚了後卽會受孕，身體亦隨之而異，時覺疲倦，嘔吐發作，嗜吃甜酸之物，此種狀態，俗稱爲「病子」，一直至生產爲止，苦痛之狀，甚難形容。

〔胎神〕據說女人懷孕，就有胎神之存在。其神藏匿房內四處，無人或知之。所以嚴禁房內外的器物移動，窗戶修補或拆除，或打釘塡補等情，如有不愼違禁，大者招致流產，小者可影響出生兒的不具或變成畸形，如在事後立卽發覺，隨卽設法洗淨避免之。

〔安胎〕女人在懷孕期間，一擧一動必須謹愼，維護屆期安產，如有過分操作，或行動失愼跌倒，必會招致小產等事發生，俗稱「動着」，遭遇此種情事時，應及時設法安胎，古昔產術和醫藥不發達，依照古老方法，僅向中藥舖購買「十三味」者服，以及請道士前來念咒並貼服「安胎符」草草了事，藉以化凶爲吉外，別無其他良好的方法。

〔補胎〕富有之家，在懷孕期間，爲使孕婦胎兒之發育安全，不惟不使孕婦過度操作，給予充分的休養，而且致力於飮食，常以富有養營分的食物滋補之，期得產後母子在產褥上早得復原。其食物都爲猪之內臓、鷄鴨、魚蟹等物與補藥混合煮服，所以才有「補胎較好月內」俚言之流傳。

〔踏巢〕出嫁女兒由懷孕至臨盆之前，岳家姻母必須前來婿家拜訪，俗稱爲「踏巢」

。其主要目的在於探詢女兒懷孕經過情形，並以其經驗傳授女兒作爲生產之參考。如自親迎以來，姻母尙未登堂拜訪者；婿家乃於此時設宴款待，以示歡迎之至意。自是以後，姻母可於生產前後自由出入婿家無妨。

〔伴手〕姻母初訪婿家時，必須提帶鷄蛋六至十二粒，滾於床，並坐上，作踏巢之擧。姻母旋歸之時，亦備辦同等禮物回敬之。此等奉回品物，俗稱「伴手」，乃初次拜訪必備之禮物，以後來訪就可免之。

〔拾鳥媽〕在古昔時候，沒有產院之施設，亦沒有助產婦之存在，接生一事，僅靠以古老方法接生爲業的老婆承辦，此婆俗稱爲「拾鳥媽」。接生婆之選定與僱用，都於姻母踏巢之時，由兩家商定，並由婿家提前備辦接生必備用品。

附件㈠臨產時必用物品一覽表

品名	用途
麻油	出產時以此油塗產兒全身。
溪山紙（粗紙）	產後三天以此紙包產兒。

苧仔系	以此系束縛產兒肚臍。
燈心	產下以此夾臍及股間。
明礬	以此研粉散佈產兒肚臍消炎。
福員	以此煮茶給產婦飲用。
油紙	以此紙墊產婦屁股，產後可以包胎衣之用。

〔滯月內〕或稱「洗月內」，乃於產前僱定一婦待用，自生產起至滿月止，經常爲產婦嬰兒洗滌衣服，並爲產婦料理三餐米湯以及供使役。因爲產褥爲期一月，俗稱「月內」，產婦不事勞動，靜臥床上休養，不步出廳堂。

〔做月內〕或稱「吃月內」親戚朋友聞悉喜訊，於產褥期間內，各購買猪之內臟——腰子、腰只、猪肚、生鷄、米酒、麵線等物贈送。其意義有二：一爲產婦因生產而身體虛弱，藉以加強滋養，能得早日復原，又一爲產婦生男育女，聊申慶賀之忱，此舉俗稱「做月內」。

〔押胸仔衫與肚揞褲〕出生嬰兒所穿衣服的製法與一般不同，前面對襟，沒有紐扣，僅襟邊各縫布帶一條，對襟相叉，兩帶縛結於背，甚爲結實，易於抱持。此衣俗稱「押胸仔衫」。嬰兒僅有上衣無下褲，非至週歲前後，開始學步時，始得穿褲，但其形體似「牛仔褲」，是以肸搯連接開底褲爲一體，俗稱「肸搯褲」。

〔尿墊〕生產之前，孕婦檢出成人舊衣服多件，上衣做爲尿布。長褲作爲尿褲，其縛法如是：先將兩條褲脚包嬰兒腰部，以一綿繩縛之，再以尿布墊於生殖器之下，然後拿褲頭承之，並揷入於腰部之綿繩。俟嬰兒溲出尿屎時，卽可解開更換尿布，以維衞生。

〔磧腹〕女人的生產是吃力工作，所以在產後，隨卽趕煮鷄蛋二粒，給她吃下，如此一來可以止飢，充實活力，二來亦可不使腹內空洞無物，此擧俗稱「磧腹」。

〔生子裙〕女人出嫁時，必須帶來生產用的黑布裙乙條，其做法很簡單，以一公尺四方的布料，上端兩角各縫了綿繩一條而已。臨盆時屆，先將其裙繫上，然後脫下褲子生產，如是，可以使產婦遮羞，而且裙色黑，如汚染產血時，也容易洗掉。俟產後經一洗後，仍舊收存至下一胎使用。

〔食蜜水〕嬰兒生下三天之內，不吃母乳，也不會餓，但須用蜂蜜或黑糖沖一些開水，再用一條綿浸入糖水，給其吃飲，就得止飢。俟三天之後，產婦乳水來臨時，以風葱泡開水，洗滌乳部汚物，然後始給嬰兒吮吃。才停止蜜水之供應，此擧俗稱「食蜜水」。

〔月內風〕產婦在產褥期間，要愼重保養身體，俾得早日復原，但最怕於其間，不愼感染疾病，如能及時治癒便罷，否則是一生的病患。此種病患俗稱「月內風」。世上咸認爲最大忌尅之一，所以產褥雖在酷熱的盛夏，亦應關戶閉窗，蒙蓋棉被，不敢貪凉畏熱，勉强渡過期限，都不惟產婦如是，就是初生嬰兒亦如此，所以世上才有俚諺「六月細囝無月內之留傳。

〔月內房〕是產婦起居之房間，此間除丈夫、岳母、拾鳥媽、滯月內、醫生等外，凡家內老幼嚴禁進入。據說生產是不潔一回事，萬一如有不愼步入，不單不可以在家禮佛，也不許入寺廟行香，如有故違，是對神一種冒瀆，會受天譴的。

〔高麗湯〕高麗是韓國特產之名貴補藥，富有强心劑。富有之家，於產前購買若干儲備，俟臨盆時或切片生食，或者煮熬成湯，供產婦飲服，因其時出血太多，影響心臟虛弱，必須强心；而淸寒之家，因經濟有限，僅能購入便宜之人參鬚若干，煮熬成湯飲服而已

〔三朝〕或稱「三日」乃生產後之第三天。是日拾鳥媽始將嬰兒抱出廳堂，在神前以柑葉泡開水，將其身體洗淨，並將調製衣服穿上。若首胎生長男，卽以產婦出嫁時穿用之「肚裙布」製衣穿用，若生女或次男以下者，卽另購布料製衣穿用，均有分別規定。此日

以油飯附禮儀贈送接生婆，藉以酬謝其協助安產，以示敬意。

〔烏豆茶〕產婦在產褥期內，不喝白開水，因爲喝白開水，多小便，於產婦起臥不便，所以改用福圓泡熱開水爲「龍眼干茶」，或沖泡經煎炒之烏豆爲茶，經常飲服，一來避免多次小便，二來亦可作爲收濕之用。

〔報喜與送庚〕生子七日，生女十一日，婿家必備附件㈡A表等物四色擔送岳家，俗稱「報喜」。岳家收之，以芎蕉米豆等物回之，並另備附件㈡B表等物送婿家，俗稱「送庚」，物件雖可全收，但必留四盤回之。而所收各件盤內，應留多少，但不可空盤回之。男女兩家各以油飯米糕餉送鄰右親朋，而各以白米附紅紙盛盤回敬。婿家亦於是日以油飯米糕等物餉送媒人申謝。

附件㈡

(A)男家報喜物件	(B)女家送庚物件			
米糕双盤	生鷄双隻	蔴油双矸	鹿肉若干	福員若干
油飯双盤	活鴨双隻	姜母若干	蝦米若干	蓮子若干
魯酒双瓶	定米若干	魯酒双瓶	鹽蛋若干	紅棗若干
燕鷄双隻	朮米若干	麵線一盤	鰇魚若干	柿果若干

〔滿月〕生產二十天，或屆滿一個月爲彌月，俗稱「滿月」。此日岳家備以附件㈢A表禮物，以相扛婿家致賀，同時親朋亦備紅桃、餅、芎蕉等物祝賀。婿家將此等禮物一併排在神明祖先之前，然後焚香點燭禮祭，產婦遂抱嬰兒上廳堂在神前由岳母，以柑葉水洗胎毛，並爲之剃頭，理畢，將頭毛合併臍帶，以紅紙包之儲存。祭畢將鷄蛋、花摻等物分送親朋致謝。

〔過橋趕來鴞〕爲要强壯嬰兒的膽量，此日其父抱嬰兒，上街郊遊，先過了橋，以壯其膽量。次至田野，看見鳶鳥，即以竹棒趕飛，隨口念吉祥語：「來鴞飛上山，囝仔快做官；來鴞飛高高，囝仔中狀元；來鴞飛低低，囝仔快做父」，然後返回。

附件㈢岳家致賀婿家生育禮物一覽表

(A) 滿月	(B) 四月日	(C) 度晬
衣裙	衣褲	衣服
脚環	脚環	脚環
手鍊	手鍊	手鍊
紅員或紅桃	紅龜	紅龜

芎蕉	芎蕉	芎蕉
雞鴨卵	斗系帽	鞋襪
烏馬掛或掛尾帽	烏馬掛	官帽附金項
㪷掛褲	背巾	銀牌
綳巾（揹巾）、		袍掛
鮮花		

〔四月日〕嬰兒生育屆滿四個月，岳家依慣習再備辦如附件㈢B表禮物一式，扛送婿家致賀。婿家將其禮物排在神明祖先之前禮祭後，收存使用，此日稱「做四月日」。

〔收涎餅〕，因爲嬰兒善於垂涎，頸項必須掛圍巾收涎，爲要根除此習，乃於此日購買香餅十二個，以紅線串貫之，掛於兒首，由其父抱到鄰右，央人代爲收涎。人以懸掛之餅，掠嬰兒之口而過，並念吉祥語兩句：「收涎，收離離，明年再招小弟」，「收涎，收乾乾，明年生有屎抛」。

〔度晬〕嬰兒年達週歲，岳家又於誕生日備辦如附件㈢C表禮物一式，扛送婿家致賀。婿家即將禮品排在神明祖先之前禮祭，同時在神前置一簸盤作爲晬盤於地上，內置如附件㈣表等物十二種於其中，然後將盛裝之嬰兒坐於盤，任其自由拿取一、二物，由此可以度測嬰兒將來之命運及前途。此舉稱「度晬」，後以週歲名之。

〔度晬由來〕據說宋朝曹彬於週歲之日，雙親爲卜測彬之出身立世，置百物於晬盤，任其自由提取，斌一手取戈劍，又一手取俎豆，卽有將相之象徵，日後竟至入將出相之地位，後遂盛行此舉，藉以度卜嬰兒之前途。

〔生日〕度晬明年之日稱爲生日，岳家傞備紅龜、素麵、紅燭、生鴨等物致賀，諸親友可以免之，自是以後，至成丁止，概不作生日。

附件㈣置晬盤物一覽表

品名	象徵	品名	象徵
書冊	讀書人	銀錢	富翁
筆	〃	算盤	商人
墨	〃	戥仔	商人
硯	〃	尺	工人
印	出仕	蕉梨	招來小弟弟
刀劍	將相	芋桔	與旺與吉祥

十月花胎歌

大家來聽只條代　我今卜來念花胎　養育二字干苦代　乎恁大家朗總知
我今卜來念出聲　勸恁列位朋友兄　我念花胎是有影　恁今着來詳細聽
正月花胎龍眼大　父母有身大受磨　袂食卜吐眞坐掛　眞眞干苦無看活
二月花胎肚員員　一粉宛然那荔枝　田螺吐子爲子死　生子性命治水墘
三月花胎人眞善　父母懷胎干苦年　脚酸手軟歸身變　倒落眠床咳咳千
四月花胎分脚手　肚尾親像生肉留　爲着生子難得求　三分腹肚不時憂
五月花胎分鼻嘴　好物任食都未肥　脚盤宛然那賈水　腰骨親像塊卜開
六月花胎分男女　恐驗胎神會參滋　三分那是有世事　靜符緊食葛身軀
七月花胎兮煞位　一日一日大肚歸　行着有時大心愧　一個腹肚圓錐錐
八月花胎肚凸凸　早暗代志着知防　這號干苦不敢廣　失頭着叫人罩摸
九月花胎兮振動　爲着病子不成人　花粉減抹歸斗籠　無食腹肚亦未空
十月花胎苦憐代　一個腹肚卽大咳　想着卜生流泪滓　求卜順序生出來

一家大小亂直返　各人尙想抄頭毛　摸着查埔說有秧　歡喜趙破三塊磚
生着查某面憂憂　一個面孔打葛球　戥戥彩彩罔從就　無省卜恰人應酬
生了三日做完滿　油飯厝邊倖一盤　㦛徙看見塊流涎　治塊相卜食鷄肝
三日做了做滿月　油飯無到閣再炊　㦛徙愛食不敢說　伸手來塊捻鷄皮
滿月做了四月日　㦛徙想卜食鷄翅　一日無想卜作失　好呆恁廣未朝直
閣無外久做度祭　看見㦛徙眞笑科　歡喜有子未曉說　一日親像狗吹螺
一歲二歲手裡抱　三歲四歲塗脚趖　生着查某無省好　驚了別日做彪婆
五歲六歲漸漸大　有時頭燒甲耳熱　就討靈符來乎掛　看到腰子眞受礎
七歲八歲眞看炒　一日顧伊二枝脚　那是不縛就卜拍　調督卽未做靑柴
九歲十歲敎針子　驚伊四繪去庚糸　一日都着敎未是　有嘴廣甲無嘴舌
十一十二發打罵　只去着那學做衫　不通食到卜做媽　手野不八提菜籃
十三十四學煮菜　一塊棹面辨兮來　別日卽有好恁婿　不學到時汝着知
十五十六卜返大　驚了塊人去風花　別日卜捧人飯碗　卽未將來無收山
十七十八做親成　一半歡喜一半驚　去那有緣得人痛　父母塊伊好名聲

有孝不敢討嫁粧　不孝受氣嫌無物　干乾飼子無論飯　瓊眞起來眞無長
飼着有孝查某子　三分代志返來行　是伊油麻菜子命　提來物件歸大廳
飼着不孝查某子　親成五什人人驚　開嘴着卜討物件　無論多少葉塊行
有孝查某行做前　出山倩人夯龍鐘　報答親恩眞敢用　吩咐鼓吹倩香亭
不孝查某眞正敢　一個親像破菜籃　來到卜恰人相罵　少想卜來討麻衫
有孝查某有情份　刁工閣來做三巡　聽伊塊哮無宿困　卜硯藍拔報親恩
不孝全無惜本份　無用閣卜想通春　食到汗流無宿回　少想倫倪人衫裙
有孝跪塊一直哮　不孝也無泪滓流　有孝等候燒靈厝　不孝查某嫌箱久
有孝查某來寄庫　不孝偷提馬茶蘇　有孝查某是眞苦　不孝愛食大腸圓
父母痛子在心頭　子孝父母放水流　尋無幾個想兮到　兮曉順情來行孝
父母生子干苦代　有孝兮人天地知　養育深恩親像海　盡心報答卽應該
衆人來聽今着散　聽到卽久無因單　乎恁父母耳耳看　心肝親像打算盤

花胎病子歌

正月病子在心內　那卜講出驚人知　看着物件逐項愛　沾沾叫哥買入來
卜央人買驚呆世　問娘思食省セ個　セ項買甲歸大下　愛食汝着加治提
二月病子人愛困　三當粥飯無愛呑　思食白糖泡藕粉　叫兄去買一角銀
一碗藕粉泡鄭鄭　白糖赶緊參恰甜　問娘汝是省セ病　面色簡下卽年青
三月病子人嘴秤　脚手酸軟烏暗眩　酸澁買甲歸內面　愛食樹梅鹽七珍
我緊行瓦共娘問　面色簡下卽青黃　專食酸澁無食飯　想着心頭替娘酸
四月病子人畏寒　赶緊綿裘提來拌　專專愛唾白皮爛　思食竹筍羣蠷干
看娘冥日連連困　粥飯半嘴無愛呑　卜食蠷干羣竹筍　差人恰緊買來羣
五月病子者青慘　愛食仙查甲油柑　姉妹相招來相探　叫咱鴨母羣鳥參
看娘消產共落肉　嘴爛唾甲歸塗脚　粥飯未食干乾飽　那愛油柑甲仙查
六月病子眞見少　不時眠床倒條條　愛食包仔甲水嬌　三當無食不知飫
看娘酸澁食袂善　着請先生不通延　我甲今日者看現　腹肚簡兮卽大乾

病甲七月野塊病　不時不日思食甜　腹肚一日一日鄭　勸哥不免請先生
斟酌共娘恁看覓　卽知娘子有花胎　頂重下輕行未在　倩人替娘卽英皆
八月人野眞干苦　脚酸手軟失袂摸　心肝卽遭卜省步　愛食馬薯炒香菰
我緊伐落去料理　加炒香菰參馬薯　嘴仔文文成歡喜　不知汝落治多時
九月卽共君實說　打算敢是落後月　赶緊買菜乎阮配　今日卜食一柯粥
醬瓜羣肉好不好　恰鹽不者食下落　後日就有子通抱　免得本成奉笑無
十月倒治眠床內　人眞干苦報君知　去叫產婆來看覓　扣那明白通返才
腹內囝仔塊發作　央人共咱叫產婆　看娘束拔眞煩惱　恨咱小人脚手無
產婆來到講野袂　囝子都野未翻胎　腹肚痛甲花花說　下死都也無辨胚
產婆今來塊等候　扣姉這個第一賢　手算時間亦未到　不通思心目屎流
敢下爲子無性命　阿君汝眞不知驚　腹肚嬌絞倖僥痛　痛甲講話未出聲
廳頭淸香燒三支　卜下正神相扶持　是男是女緊出世　不通延踐逞校時
產婆共咱援腹肚　囝仔雖時生落塗　加再神明罩保護　不知査某亦査埔
一時聽着囝仔聲　三步拼做二步行　入來看着卽知影　想見替娘着一驚

產婆手勢正實好　囝仔出世威隨落　今生過手無煩惱　閒君有水亦是無
今我來去拴燒水　手巾煞提做一堆　着洗恰袂荷遭鬼　生子了後者落威
記得都無一牒久　返才煞塊洗身軀　緊共君仔伊吩咐　衫着加包恰工夫
娘仔汝生頭上子　身軀洗好煞和名　實在眞水得人痛　囝仔姓高名金城
囝仔抱來治眠床　昨冥一苦到天光　就緊拴乎產婆返　伊來塊咱歸冥方
紅包我包一百銀　恰袂乎人笑鷄孫　小可錢銀永無論　着恰汁來共阮巡
人着做好有補所　頭胎卽兮生查埔　雖然緊快袂干苦　腹肚飫甲面卜烏
紅包一百是無罪　產婆相辭就返回　阿針布仔倩人洗　開厨桔餅就去提
一塊桔餅做四周　塊腹着煞煮痲油　煞參一杯紅露酒　後日骨頭卽袂抽
痲油進前搭來勸　灶脚燒酒歸大缸　煞炒一碗痲油飯　着食面色卽袂黃
只款不者好庒婿　不免我講逐項知　拴卜乎我做月內　野未三日鷄免刣
炒飯肉酒捧到位　二項排排做一堆　叫娘恰苦食幾嘴　月內無食人未肥
茶古底威捧入內　嵌鍋過帝汗去抬　汝拴桔餅甲炒飯　甘草亦未買入門
甘草央人買百一　煞捧碗頭搭多蜜　今日十月閏二七　二九通好做三日

開錢無人咱這款　阿君姓高名新元　是咱將前有發愿　着恰進前諒早拴
多蜜甘草捧到位　湯匙甌仔捧做堆　一下皆看卽年水　心肝想着十分開
赶緊叫君收去勸　飼甘草水在眠床　三日那卜銃油飯　浸米着愛五斗缸
人廣諒加無諒小　糯米緊羅十四石　買卦蝦米眞青尺　二九下罩金議燒
三日門好是二九　糯米汝羅十四包　大概按算敢有到　諒加通倖厝邊兜
着買豬油甲味素　買有十斤兮香菰　着尋恰濶兮地所　作三十塊新敢胡
二九親戚來者多　朋友姉妹早交倍　我塊驚恁無工藝　拜托共阮鬪刣鷄
人客歸宮全到位　排排坐坐做一堆　看着我子面形水　心肝想着十分開
諒早牲禮準備好　廳頭香燭紅和和　厝邊眞乎我呵老　兮曉共阮鬪伐落
人人欣善我好命　富貴不達咱兮名　人個只款敢有影　子兒面形親像兄
燒金放炮在吟前　油飯捧出見人倖　門口兮人圍鄭鄭　囝仔大小塊三精
聽見外面下下叫　油飯咱銃十幾石　香菰蝦米參袂小　能逢呵老咱卽着
囝仔飫甲哀哀哭　有人食甲鼻那流　一手一丸食無到　走返因厝捧碗頭
外口兩甲下下趙　敢是囝仔底無着　我治房宮想愛笑　按盞手骨簡未燒

有兮歸碗捧塊走　有人脫衫起來包　起嘴擺脚朗來到　雄雄走甲相爭頭

我閣出來皆看覓　青冥允龜亦有來　朗食有着上加再　打算五路通巢知

第六章　育嬰及襁幼

孟子說：「如保赤子，心誠求之。」又說：「未有學養子而後嫁者也。」可見育嬰保赤，古人就認爲是一件不簡單的事。古人重視子息，因爲關係嗣續大事，所以醫藥方術之書都很詳細地談育嬰問題。

古代醫藥不發達，嬰兒保健工作也做得不好，小兒死亡率極高，一個小孩自呱呱落地到長大成人，中間不知要經過多少病痛和災難，因此古人才有「關煞」之說。

把一個孩子培育成人，父母眞長不知費了多少心血，更不知擔了多少驚，害了多少怕，生怕自己的嬌兒只是使人空歡喜的「討債鬼」，所以育兒的迷信特別多，總要想出種種辦法來保護小孩，希望他能煞過一切災難。打百家鎖、到寺觀作寄名和尚、道士、認乾媽等種種習俗都是因此而起，這一章將分五節來硏討。

一、嬰兒的保育及禁忌

禮記內則篇已然談到育嬰的辦法，隋唐人醫書都有專門討論育嬰的卷帙，前人雜著和小說裏也保存了不少育嬰的習俗和迷信，讓我們依次討論。

禮記內則：「異爲孺子室於宮中，擇於諸母與可者，必求其寬裕慈惠溫良恭敬愼而寡言者，使爲子師，其次爲慈母，其次爲保母，皆居子室，他人無事不往。」

這段記載談到嬰兒要有自己的房間，還有子師、慈母、保母專管照料他，教導他，這情形當然是貴族，才能有此人力財力。

教養一個孩童的程序是：「子能食食，教以右手；能言男唯女俞，男鞶革、女鞶絲，六年教之數與方名，七年男女不同席，不共食，八年出入門戶卽席飲食，必後長者，始教之讓，九年教之數日，十年就外傅，居宿於外……女子十年不出。」——禮記內則。

這段講的是男女孩童一同接受最基本的生活教育，

古代教導子弟是嚴格的，當然不免有些過分，於是唐孫思邈在他著作千金翼方裏，提出了育嬰教子的意見：

論曰：「文王父母有胎教之法，此聖人之道未及中庸，是以中庸養子，十歲以下依禮小存，而不得苦精功程，必令兒心驚懼，及不得苦行杖罰，亦令兒得癲癇，此事大可傷怛，但不得大散大慢，令其志蕩，亦不得稱讚聰明，尤不得誹毀。小兒十一以上，得漸加嚴教，此養子之大經也，不依此法，令兒損傷，父母之殺子也，不得怨天尤人。」

這段話就在今天看來仍是有價值，它與現代教育家的意見差不了多少，教養小兒本來就該寬嚴得中的。千金翼方還講到小兒發育的情形：

「生後六十日瞳子成，能咳笑，應知人。百五十日百脈成，能自反復，百八十日尻骨成，能獨坐，二兒十一日掌骨成，能匍匐，三百日髕骨成，能獨倚，三百六十日為一朞，膝骨成，乃能行，此其定法，若有不依期者，必有不平之處。」——千金翼方卷十一。

這段講到發育成長的情形很詳細，就是北平俗諺也簡單地講過是「三翻、六坐、八爬」。還有一句俗諺是「若要小兒安，常帶三分饑與寒」，通行於南北各省，意思是不要過分嬌養。唐王燾外臺秘要卷三十五詳細講到育兒的方法：

「兒初生宜用父故衣裹之，若生女宜以母故衣；勿用新帛，切須依之，令兒長壽。又一晬之內，兒衣皆須用故綿帛為之善，兒衣綿帛特忌厚熱，慎之慎之！」——九七五頁。

孫氏千金翼方卷十一：「兒初生，不可令衣過厚熱，令兒傷皮膚、害血脈，發雜瘡而黃。又小兒始生，肌膚未成，不可暖衣，暖衣則令筋骨緩弱，宜時見風日，若都不見風日，則令肌膚脆軟，便易中傷，皆當以故絮衣之，勿用新綿也。天和暖無風之時，令母將於日中嬉戲，數見風日，則血凝氣剛，肌肉牢密，堪耐風寒，不致疾病，若常藏於幃帳之中，重衣溫暖，譬猶陰地之草木，不見風日，軟脆不堪風寒也。」

以上是小兒衣著問題。

古代沒有奶粉，也不作興用牛羊奶，全靠母乳或雇用奶媽，哺育小兒的辦法，醫書也講得很清楚：

「小兒初生三日中須與朱蜜（飛硃砂以赤蜜和之），三日後應開腸胃，助穀神，可研米作厚飲如乳酪厚薄，以大豆粒多與哺之，哺三豆許止，日三與之，滿七日乃可與哺也。」

「凡乳兒不欲太飽，飽則令吐，凡候兒吐者乳太飽也，當以空乳乳之卽消。夏不去熱乳，令兒嘔逆，多不去寒乳，令兒欬痢，乳母嬭兒，當先以手按散其熱氣，勿令乳汁奔出，以令兒噎，如噎卽便奪其乳，令得氣息定，復乳之，如是十反五反，視兒饑飽以節度之，一日之中幾乳而足，以爲常準，又常捉去宿乳也。」——王燾外臺秘要卷卅五，九七五頁。

孫氏千金翼方更談到乳母的健康和生活情形也會影響乳兒：

「母患熱，以乳兒，令兒變黃不能食。母怒以乳兒，令兒喜驚，發氣疝，又令兒上氣癲狂，兒新吐下以乳兒，令兒虛羸。母醉以乳兒，令兒身熱腹滿。母新房令兒羸瘦，交脛不能行。」——千金翼方卷十一，第一頁。

父母都希望兒女健壯聰明，長命百歲，一個孩子能不能長大成人，雖說是人事，然而也有運數存焉，所以對孩子的未來常有許多猜測，占卜相術可以解除人們一部份的疑慮，古醫書裏保存下許多相兒的說法：

「兒生枕骨不成者能言而死，膝骨不成者能倨而死，掌骨不成者能匍匐而死，踵骨不成者能行而死，臏骨不成者能立而死，身肉不收者死，魚口者死，股間無生肉者死，頤下破者死，陰不起者死，囊下白者死、赤者死。」——王氏外臺秘要卷三十五，九七八頁。

「兒初生，陰大而與身色同者成人，兒初生，額上有旋毛早貴，妨父母，兒初生，叫聲連延相屬者壽，聲絕而復揚急者不壽，兒初生汗血者多厄不壽，兒初生目視不正數動者大非佳人，兒初生自開目者不成人，兒初生通身軟弱無骨者不成人，兒初生髮稀少者不聽人，兒初生臍小者不壽，兒初生早行早語早齒、生惡性非佳人，兒初生頭四破者不成人，兒初生頭毛不周匝者不成人，啼聲散不成人，啼聲深不成人，汗不流不成人，小便凝如脂膏不成人，常搖手足者不成人，兒初生臍中無血者好，卵下縫通達黑者壽，鮮白長大者壽。」——見同前。

「論曰：兒三歲以上，十歲以下，觀其性氣高下，即可知其夭壽，兒小時識悟通敏過人者多夭，則項橐、顏回之流是也，小兒骨法成就威儀，廻轉舒徐，稍費人精神彫琢者壽，其預知人意，廻旋敏速者亦夭，則楊脩、孔融之徒是也。由此觀之，夭壽大略可知也，亦由梅花早發，不覩歲寒，甘菊晚榮，終於年事，是晚成就者壽之兆也。」——見同前。

以上這三段話在現代人看來，有的相當有道理，比如前兩段講到小兒骨骼有缺欠的，生理反常的當然不易養活，其他的就不免近於迷信了。至於第三段，作者似乎未曾考慮到所以致之者實爲人文社會因素。

古人迷信忌諱多，關於小兒的迷信和禁忌尤多，隋唐以來，人家就不許將小兒衣物挂在戶外過夜不收回來，這個禁忌出自玄中記：「姑獲鳥夜飛晝藏，蓋鬼神類，衣毛爲鳥，脫毛爲女人名爲天帝少女，一名夜行遊女，一名鈎星，一名隱飛鳥，無子，喜取人子養之以爲子，人養小兒不可露其衣，此鳥度即取兒也。」——太平御覽卷九百二十六。

這迷信仍然流行，不過民間傳說姑獲鳥是產亡的婦女所化，胸前有兩乳，喜取人家的孩子來養，所以小兒衣服不可夜露，因爲它夜飛滴血在上面，小孩就會驚癇，生疳病而活不長。

北方家庭長輩常說小孩魂魄不全，晚上不可照鏡子，紅樓夢第五十六回：「麝月說：難怪老太太常囑咐說小人兒屋裏不可多有鏡子，人小魂不全，鏡子照多了，睡覺驚恐做惡夢。」可作實證。

北平人說小孩的天靈蓋沒長好的時候睡夢中靈魂常會出來遊逛，所以小孩睡覺時要給他脫下鞋子，免得他的靈魂胡行亂走。更不可以開玩笑在他臉上亂畫，免得他靈魂回來時認不得自己的軀殼，還不了魂。還有不許帶小孩到廟裏去，免得被廟裏神道留下作童兒，年三十午夜諸神下界時，小孩不要到屋外去，免得沖犯神佛，七月十五日下午小孩不可到處遊玩，免得被鬼門關放出的遊魂野鬼捉去。看望生病的親友不許帶小孩子，親友喪禮也不許小孩參加，都是怕有邪祟野鬼嚇著他。父母帶小孩出去，該在日落之前回家，途中穿過城門或過橋時，都要輕輕地叫著他的名字，免得他的靈魂留連忘返。小孩吃飯，碗裏不許剩下飯粒，剩飯粒的話長大以後要娶個麻子太太，女孩就要嫁個麻丈夫。

二、客忤、夜哭郎及收驚、叫魂等

前人醫書裏都講到小兒客忤和夜啼，驚癇等症，占驗書如玉匣記之類，都列有送祟的方法。其實「客忤」就是小孩乍見陌生的人或事物所引起的嚴重恐懼，以致昏迷不醒、發燒譫語等情形發生。

孫氏千金翼方卷十一小兒客忤愼忌法：「凡小兒衣裳帛綿中不得令有頭髮、履中亦然。凡白衣青帶、青衣白帶者皆令兒中忤，諸遠行來，馬汗未解，行人未澡洗及未易而見兒者皆中客忤，見馬及馬上物馬氣皆忌之。」

淸人陳復正幼幼集成分析「客忤」頗爲淸楚：「忤者，謂外來人畜之氣忤觸其小兒之正氣也。或因生人遠來，或因六畜暴至，或抱兒戲騎牛馬，或父母騎馬歸來未及熏衣卽抱其兒，則馬汗不正之氣，從鼻而入……此外因客忤也，其證口吐青黃白沫，面色變異，喘急腹痛，反側不安……復有內因客忤或兒平日所喜者乃戲而奪之，平日所畏者乃戲而恐之，凡親愛之人，喜色之果，玩弄之物，心之所繫，口不能言，一時不能遂，逆其心志，其候昏昏喜睡，寤不醒，醒不思飲食。」

孫氏千金翼方卷十一所載治客忤的方法今天看來實在是方術，不是醫方，倒很像禁制：

一、以水和豉擣令熱，丸如鷄子大，以轉摩兩顋上，及手足心各五遍，又摩心腹臍上下行，轉摩之，食頃破視，其中有細毛，棄丸道中，病愈矣。

二、又可用粉丸如豉法，並用唾之，唾之咒如左，咒曰：「摩家公，摩家母，摩家兒若客忤，從我始，扁鵲雖食，不如善唾良」。唾訖，棄丸於道中。

三、又方：取一刀橫著竈上，解兒衣，撥其心腹訖，取刀持向兒，咒之唾，輒以刀擬心腹，「曰啡啡曰煌煌，背陰向陽，葛公葛母，不知何公子，來不視，去不顧，過與生人忤，梁上塵，天之神，戶下二鬼所經，大刀環犀對灶君，二七唾客愈兒驚，唾啡啡」。如此二七啡啡，每唾以刀擬之，咒當三遍乃畢，用豉丸一如上法五六遍訖，取此丸破之，看其中有毛，棄丸於道中卽愈矣。

小兒受了驚嚇，不是昏睡不醒，就是啼哭不止，於是就成了「夜哭郎」，治夜哭的方術很多，人人知道的就是用紅紙寫上下列詞句：「天皇皇，地皇皇，我家有個夜哭郎，過往君子念三遍，一覺睡到大天光。」把寫好的紅紙粘貼在通衢大道，經行人見之，卽可安眠。

大埔喊太陽之迷信：「大埔鄉人每遇小兒夜間不能安眠，其父母卽呼太陽以治之，俗謂之喊太陽。其法於日初出或將沒時備香楮等事，向日焚之，口內禱祝，略謂吾家小兒不能安眠，懇求太陽保佑，一覺睡到大天亮等語，事畢將紙灰携回，塗於小兒額上，有餘則放之床頭，據云可保安眠。」——中華全國風俗志下篇卷七廣東。

通行的選擇書居家備用有捉拿夜啼鬼法：「法以燒過火之柴頭削平，一便用硃砂寫字於柴上：「撥火杖，撥火杖，天上五雷公，差來作神將，捉拿夜啼鬼，打殺不可放，急急如律令敕」。將柴書就，晚間放在小兒床頭，男左女右，勿驚揚，恐不靈，明早寶燭送出門外。」

夜哭久治不愈，就成了「夜星子」，淸人露園主人夜譚隨錄卷二有夜星子二則。

「予在咸安宮時，同學隆君興言其一親戚家有小兒夜啼，越兩月不愈，有老嫗識爲夜星子，自云能捉之，問所需，無難辦者，唯用木作方籠，四面糊白紙，罨灶上，灶窟內設油燈一盞燃之，光射紙上，俟小兒啼作，卽灶前覆一粗磁碗，碗上橫置一菜刀，踞小櫈面灶而坐，家人悉令廻避，童男稚女則弗禁，時隆君年甫十二三，立嫗身後觀焉，嫗一手叩刀，口噥噥不知作何語，食頃，燈驟暗，紙上隱隱見黑影，往來閃爍不定，或人或馬或貓犬，悉彷彿其形，媼詛咒愈急，燈愈暗，黑影往來愈夥，最後一影，色黯黝，映紙獨眞，止而不動，形頗似犢，媼急擧刀背，力碎覆碗，砉然一聲，灶中燈忽大明，黑影印紙上不滅，如淡墨所染，媼擧籠以焚之，兒啼頓止。」——三十八頁。

以上一段詳述捉夜星子的辦法。另一段卻寫得大有西方怪異故事的味道：

「京師某官家，其祖留一妾，年九十餘，甚老耄，居後房，上下呼爲老姨，日坐炕頭不言不笑，不能動履，形似饑鷹，而健飯，嘗畜一貓，與相守不離，寢食共之。宦一幼子尚在襁褓，夜夜啼號，至曉方輟，匝月不愈，患之，俗傳小兒夜啼，謂之夜星子，卽有能捉之者，于是延捉者至家，禮待甚厚，捉者一半老婦耳，是夕就小兒旁，設桑弧桃矢，長大不過五寸，矢末繫素絲數丈，理其端于無名指而拈之，至夜半，月色上窗，兒啼暫作，頃之隱隱見窗紙有影，倏進倏却，彷彿一婦人，長六七寸，操戈騎馬而行，捉者擺手低語曰：夜星子來矣來矣！亟彎弓射之，中肩，唧唧有聲，棄戈返騎，捉者越窗引線，率衆逐之，拾其戈觀之，一搓線小竹籤也，跡至後房，其絲竟入門隙，羣呼老姨不應，因排其闥，燃燭入室，遍覓無所見，搜索久之，忽一小婢驚指曰：老姨中箭矣！衆視之，果見小矢釘老姨肩上，呻吟不已，而所蓄貓猶在胯下也。咸大錯愕，亟爲拔矢，血流不止，捉者命撲殺其貓，小兒因不復啼，老姨亦由此得病，數日亦死。」——夜譚隨錄卷二，三十七頁。

小孩受了驚嚇，不飲不食，昏睡不醒，北方俗語就說是「嚇著了」或「嚇掉了魂」，救治的方法，就要「叫魂」，南北各省都有「叫魂」的辦法。

北平人叫魂是由小孩的母親晚間在廚房裏灶王爺神位前上香叩拜，然後拿盛粥湯用的檳榔杓叩打廚房的門坎，一方面叫著小孩的乳名，說：「××快回家！」這時候家裏人就在一旁代答說：「××回來啦！」一連叫三天，小兒就會痊癒的。還有給小孩叫魂同時要供奉「白馬先鋒」禡；家中小孩嚇著了，就要到南紙店或雜貨店請一份「白馬先鋒」禡，供在小孩臥室裏，要焚香，還要供一碗冷水，母親焚香叩拜，再焚化神禡，然後叫魂，據說白馬先鋒很快就可以把小孩的魂追回來。

江南叫魂方法與北平不同，據中華全國風俗志下篇卷，江蘇，南京採風記：「小孩偶有疾病三則妄疑爲在某地驚悸成疾，失魂某處，乃由一人持小孩衣履，以秤桿衣之，一人張燈籠至其地，沿途洒米與茶葉，呼其名（一呼一應）而回，謂之「叫魂」——第五頁。

臺灣稱叫魂爲「收驚」，萬法秘笈有收驚符和收驚秘法。

收驚秘法

用小碗盛滿白米，取小兒所穿衣服一件，將碗米包起，點香禱告（收驚文），禱畢燒金，然後將衣服解開給小兒穿。鄭重其事者，則在祖在祖師面前擺設四菓收驚。

收驚文

香煙通法界。拜請收魂祖師降雲來。四大金剛降雲來。天催催。地催催。金童玉女扶同歸。收到東西南北方。收到中央土神公。本師來收驚。本師來收驚不收別人魂。不討別人魄。收你弟子信女某姓某名（本命宮幾歲）魂魄回。備辦魂衫魂米。拜請列位尊神助我來收魂。三魂歸做一路返。七魄歸做一路回。（燒金）燒錢燒化江湖海。毫光發現照天開。收魂祖師下金堦。神仙兵將降雲來。（急咒）神兵神將火急如律令。仙人爲我勅白米。祖師爲我勅白米。衆神爲我勅白米。白米勅起起。勅離離。消災改厄身無病。（停頓）香煙燒起通世界。三魂七魄收返來。收魂三師三童子。收魂三師三童郎。勿食黃泉一點水。萬里收魂亦着歸。三魂飄飄歸路返。七魄茫茫歸路回。魂歸身。身自在。魄歸人。人清采。收你某某三魂七魄回返來。（急咒）吾奉太上老君勑，神兵神將火急如律令。急急如律令。

三、出痘和種痘

「天花」是很厲害的傳染病，從前又不知道種痘，染上天花，只有聽天由命，於是種種迷信應時而起。前人相信有痘神，北方俗稱爲「痘疹娘娘」，其屬神有「花姐姐」、「痘哥哥」，小兒出花，就要在淨室內設娘娘神位，虔誠供奉，直到十三天毒盡結痂，還要焚化轎馬送神。紅樓夢第二十一回就講到鳳姐的女兒出痘的事。

「……鳳姐聽了，登時忙將起來，一面打掃房屋，供奉痘疹娘娘，一面傳與家人忌煎炒等物，一面命平兒打點鋪蓋衣服與賈璉隔房，一面又拿大紅尺頭給奶子丫頭親近人等裁衣裳，外面打掃淨室，款留兩位醫生輪流斟酌下藥，十二日不放家去……一日大姐毒盡瘢回，十二日後送了娘娘，合家祭天祀祖，還願焚香，慶放賞已畢。」

這段記述不免有些誇張，但關於出痘的禁忌和習俗記載頗爲詳細。北平習慣，小兒不論出痘或種痘痊癒落痂時，至親如外祖母、舅母、姨母、姑母都要來看望，看望時要送一蒲包「凸蓋燒餅」，這種燒餅在點心鋪、蒸鍋鋪均可定製。

小兒出痘要供痘疹娘娘，民間是如此，就是宮庭中也未能免俗，淸同治帝之出痘，據吳相湘晚淸宮庭實紀二二六頁有如下記載：「十一月初一日始定爲天花，羣臣因均易花衣，並以紅絹懸於當胸，奏摺用黃面紅裏，又各遞如意以賀天花之喜……未幾以痘痂將結，遂先加恩醫官……又於大淸門外結壇，焚燒采帛車馬，名曰送聖。」這形和民間也差不多，只不過同治帝是不是眞的出痘，就是個疑問了。

痘神是誰，說者不一，北方娘娘廟所祀九位娘娘之中有瘢疹聖母保佑和慈元君、痘疹聖母立毓隱形元君，她倆是專管小兒出疹子出花的。小兒出痘順利，痊癒之後，北平習俗要用紅紙糊的三角圈一個在痘疹娘娘駕前焚化還願（詳見拙作東嶽廟志第五章）。按館中所藏第〇九二號之送子天仙聖母禡，中爲天仙聖母，右爲瘢疹娘娘，手捧豆皿，左爲送生娘娘，並無痘疹娘娘。蓋古人稱「痘」爲「斑瘡」；「瘢疹」「痘疹」原來是一件事，「痘」就是灌漿時水泡飽如豆粒，故名。「瘢」則是就落痂以後留下斑痕命名而已。

日人原昌克叢桂偶記卷二痘神條對痘神有詳細的考證：

「倉山隨園詩話曰：痘瘡之名，不見經傳……西漢以前無童子出痘之說……樂宮譜耳食錄曰：痘神何神也？姑勿深考。或曰居峨眉山姐妹三人，身著麻衣，蓋女仙之流，主人間痘疹之疾，人呼為痲娘娘云。神甚靈而嚴於小節，病痘之家為位奉之，言語稍不檢，衣物稍不潔，及誠敬少懈者，病者輒作神言語阿譴之，雖私隱無不揭，其甚者痘或不治，為得罪於神也……望鹿門醫官玄稿云：吾俗間祭痘神實如在焉，凡至十二朝，期畢，乃令浴痘兒，謂之酒湯，因其湯中灌酒也，若後期則災害並至……。」

又「猗園曰：吳俗抱痘之神，必供五郞神于堂，旣兆吉，且牲牢獻之者，此名花花五聖……。」

又蕪湖風俗瑣記：「各家於小兒種痘時祀狐最虔，稱之為花老太，據云稍有不敬，小兒必無倖免者。」——中華全國風俗志下篇卷五第十二頁。

據古醫書說，出痘是由於先天胎毒，所以有很多稀痘的醫方。為什麼說「稀痘」而不是「止痘」呢？因為古人認為「痘」是不可避免的，就和痲疹一樣，人人都要感染一次，所以只要化解胎毒，使「出痘」時能出得順利，稀少就是福氣了。

普通「稀痘」的方法為將小兒自身剪下的臍帶用新瓦兩片合住，炭火煆煉存性，減半加入上好明淨硃砂，研為細末，用川芎、當歸、甘草各一錢煎為濃汁，將藥末陸續調塗乳下，待小兒嚥下，以盡為度。大便黃黑極臭稠屎，渾身發出紅點，一生不出痘疹，即出亦甚輕。（見醒世姻緣第四十九回。明李時珍本草綱目卷五十二人部初生臍帶條亦載此法，唯不用藥引）尚有禳解稀痘的方法叫作「扳花」，清顧鐵卿清嘉錄卷十二：

「亥子之交（除夕），抱未痘小兒臥爨下，以紅帕蒙首，天明始還臥所，謂如是則痘花稀良，謂之扳花，蓋俗呼痘爲花也。或撒黃土於帳頂，或以紅綠線穿黃豆三粒置幃間，俱能禳痘。」

又「案家塾事規，除夕五更抱小兒於獨槽豬窩滾過則痘瘡稀，楊循吉除夜雜詠詩云：撒豆禳兒疾。」清嘉錄所記都是蘇州風俗。

何時由天然痘改進爲「種痘」，據前人傳說大約是起於宋代，據日人丹波元簡所著醫賸卷中種痘條云：

「醫通云邇年有種痘之說，始自江左，達於燕齊，近則遍行南北，詳究其源，云自玄女降乩之方。金鑑云古有種痘一法，起自江右，達於京畿，究其所源，云自宋眞宗時峨眉山有神人，出爲丞相王旦之子種痘而愈，遂傳於世。弋陽縣志云：黃旻曙五十三郡人，徐成吉五十五郡人得十全神痘法，以棉絮取痘漿之佳者送入鼻內，及愈有瘢如眞，往往靈驗，遠近皆聞其風焉。方象瑛種痘小引云江楚間多種神痘，相傳昔有道士憫痘症殺人，禮峨眉山四十九日，夢授某童子仙苗，翌日痘出。李仁山（蘇州人，享保中來寓於崎館）云：種痘之法出自神授，前有徽商施姓者泛海至一山，遇天后顯靈，授以此法。按種痘之源，諸說渺茫如此，蓋其起自明季無疑矣。」——六十六頁。

「種痘」普遍之後，於是擇吉種痘亦成爲育兒重要行事之一。選擇書、曆書都有種痘吉日，清朱奕深種痘心法（借月山房叢書本）：

「凡孩生滿百日，盱視靈動，認生啼笑者卽可種……痘有可種不可種，幼稚男女須要辨別其精神，如面部有精彩喜色明亮，透達印堂，山根年壽無青晦之色，滿面紅光純粹上吉可種；有病者不種，內熱黃瘦者不種。」

「下苗吉日，下苗宜天德、歲德、天德合、歲德合、月德合、母倉開成等日。避忌日辰：忌破閉滿日，月忌神在日，孩子本命沖剋等日。」

北平習慣，小兒種痘都在春暖花開的時候，屆時慈善機關在各街巷張貼「施種牛痘」廣告，人家有小孩該種痘，就給他穿上紅色衣服，抱去種痘，俗稱「種花兒」。爲催痘快出，就要結他吃一些發物，到了結痂落痂之日，至近的親戚如外祖母、舅母、姨母、姑母都來探望，俗稱「揭痂疙」，來看望的人都要送一蒲包凸蓋燒餅，這習慣山東也有，中華全國風俗志下篇卷二第四頁濟南採風記：「小兒出痘，七八日後親友送以燒餅油果，謂之『結疙瘩』蓋取結痂之意。出痘家用寸許寬、四五寸長紅布挂於門首，謂之『挑紅』」

四、沖犯與關煞

從前人說小兒眼睛是淨的，能見鬼神異物，如果沖犯了凶神惡煞，就會發冷發燒，吐瀉不安。如此就要禳謝送祟，唐王燾外臺秘要卷三十五有禳謝法，又玉匣記和居家備要也都有禳謝沖犯的符和應供奉的祭品。

一個小孩由小到大，中間要經過許多關煞，口頭和書裏都曾談到過。金瓶梅第五十八回潘金蓮咒罵李瓶兒的兒子官哥說：「……也不曾經過三個夏至，又不曾長成十五六歲，出痘過關，上學堂讀書，還是個水泡，與閻羅王合養在這裏的。」這段話講得很清楚，是一個孩子必須長到十五六歲，必須出過痘，過了關，才能算是長大成人，否則仍是和閻羅王合養著的「水泡」，可能是曇花一現不能久長。

崔氏外臺秘要卷三十五

禳謝法

軒轅者：乾神天丞相使者風伯犯之，令兒驚吐，可取梨枝六寸，埋生處大吉。

雷公者：震神太陰使者天馬犯之，令兒煩悶腹滿，解之以三屠家肉爲餅，於產處謝之大吉。

咸池者：坎神天之雨師使者，犯之，令兒啼不止，用羊脯酒於生處謝之吉。

豐隆者：艮神天之東明使者天僕也，害氣，犯之令兒乍寒乍熱大腹，以白魚二枚於生處謝之，又大豆一升投井中亦吉。

招搖者：坤神天上使者，犯之令兒驚空嚼不止，以酒餅生處謝之卽愈。

天候者：巽神天一執法使者，犯之令兒腹脹張眼，以白魚二枚於生處謝之吉。

吳時者：離神天一將軍遊擊使者，犯之令兒驚腹痛，用馬脯五寸於生處謝之吉，又以白魚五枚並棗餅埋其生處吉。

大時者：兌神小時北斗使者，犯之令兒腹脹下痢，解之以酒脯於生處謝之，又以大豆一升投井中吉。

犯月殺者：小兒驚啼用丹雄鷄血於生處謝之吉。

犯白虎者：用稻米一升鷄子三枚於生處謝之吉，黍米亦得。

犯大夫者：用羊肝三枚及稻米一升於生處謝之吉，又用鷄羝羊皮黍米亦得。

犯日遊者：令兒口噤色變欲死者，用三屠家肉麥飦於生處謝之。

臺省習俗相傳男女孩自出生起就要受床母和七娘媽的保護，直到十五六歲長大爲止。所以每月朔望及年節都要拜床母，每年七月初七日要祭七娘媽，到十六歲那年七夕要焚燒紙製七娘亭一座，並到七娘廟或註生娘娘廟祭拜謝神，稱爲「脫秦」，也就是出關的意思。

小兒關煞的名目繁多，而且離奇古怪，居家必備內載共有二十六關煞，萬法秘笈內載三十關煞符，兩書所列名稱，避忌互有差異，分列於後：

閻王關

凡七八九十二月子午寅卯時
生人犯此帶天德月德可解

天吊關

凡寅午戌年辰時生人犯此主
煩惱不寧眼睛直望

四季關

凡正二三月壬辰時生人犯此
關忌一歲出入凶喜事

和尚關

凡子午卯酉年辰戌丑未時生
人犯此忌入菴寺見僧尼

金鎖關

凡生人正二月申卯時生人犯
此忌帶金銀器物

落井關

凡午巳卯申戌時生人犯此忌
見井泉池塘涌溪

深水關

正二三月寅申時生人犯此忌
病疹災害

五鬼關

凡壬子庚子丙子戊寅年寅時
生人犯此忌入菴堂寺觀

百日關

凡正月寅巳時生人犯此百日
內忌出入門前

白虎關

凡金木水火土生人犯此主多
血光災厄

湯火關

凡子午卯酉年午時生人犯此
忌疵癧之患

天狗關

凡八字五行全者生人犯此月
內怕聞犬吠聲

短命關

凡子辰年巳時生人犯此主多
驚怖夜啼之患

斷橋關

凡正二月寅卯時生人犯此忌
過橋汲水照影

千日關

凡午年寅巳亥時生人犯此忌
三歲上高落低之患

浴盆關

正二三月申時生人犯此忌沐
浴太早

四柱關

凡巳亥年正二月辰寅時生人
犯此忌坐杆竹椅太早

雷公關

凡寅午申酉辰亥時生人犯此
忌驚聞鑼鼓雷公及大聲叫喊

將軍關

凡辰酉戊年未時生人犯此忌
見弓箭二歲亦忌流年中箭

鬼門關

凡甲子丙子戊子生人犯此忌
夜出入門外

鐵蛇關

凡金木水火土生人犯此忌痲
痘之災

夜啼關

凡子午丑未時生人犯此主夜
間啾唧不寧

雞飛關

凡辰戌未時生人犯此忌雞對
面啼叫

水火關

凡正二三月未戌時生人犯此
主膿血瘡疾太多及小心水火

下情關

凡正二三月子寅時生人犯此
忌聞刀斧之聲

急脚關

此正二三月子亥時生人犯此
忌驚嚇跌撲之患

捉拿夜啼鬼

法以燒過火之柴頭削平一便
用硃砂寫字於柴上撥火杖撥
火杖天上五雷公差來作神將
捉拿夜啼鬼打殺不許放急急
如律令勅將柴書就晚間放在
小兒床頭男左女右勿驚揚恐
不靈明早寶燭送出門外

萬法秘笈所載小兒關煞符

落井關　鷄飛關　取命關　雷公關　斷腸關

甲己見蛇傷。乙庚鼠內藏。丙辛猴見果。
丁壬犬吠汪。戊癸愁逢兎。孩兒有水殃。
◎勿近井水邊渡舟游泳有水厄之災。

甲己巳酉丑。庚辛亥卯未。壬庚午戌。
乙戊丙丁子。不過三日關
◎勿看殺生。童限難養。夜生不妨。

甲乙丙丁申子辰。戊己庚生亥卯未。
辛金壬癸寅午戌。生兒祗怕不成人。
◎勿入中元壇內。勿看普渡。

甲己逢馬。丙丁忌鼠。戊乙生犬，庚辛遇虎。
壬癸鷄鼠。災見閻王。
◎勿抱高空。額處弄跳。注意蹊倒。

甲乙怕見午未時。丙丁生忌辰巳逢。
庚辛秋金怕寅虎。壬癸多水怕逢牛。
◎勿看殺猪羊。勿入屠宰場。

千日關　急脚關　鐵蛇關　白虎關　鬼門關

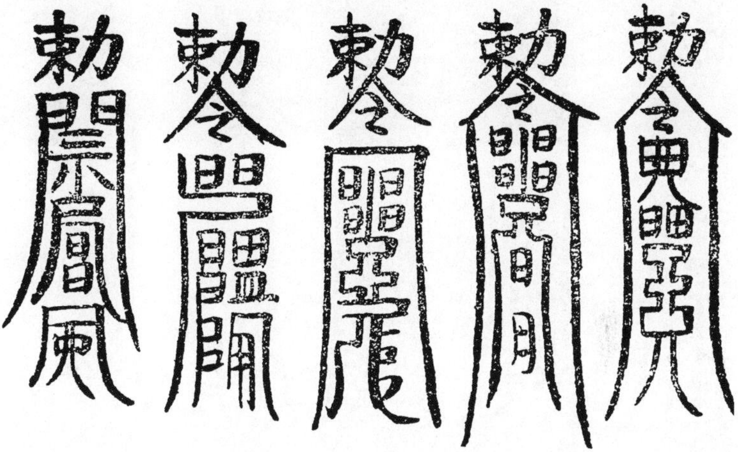

甲乙馬龍頭。丙丁猴鷄山。庚辛虎林下。
戊己蛇藏草。壬癸丑亥時。
◎未千日勿往外媽厝。主驚風殃乳制化卽安
二春亥子難過關。夏逢卯未實堪傷。
秋寅戌位還須忍。冬丑辰宮死不難。
◎修造、動土勿看。限內宜制化。
金戌化爲鐵。火向未申絕。木辰枝葉枯。
水土丑寅滅。鐵蛇來浸害。
◎出疹痘小心。出疹痘前宜制化。
正二月犯申酉時。三月犯子怕戌時。
四六月犯卯丑時。八十月犯卯時當。
◎出痳小心。
子嫌酉年午嫌丑。寅未申卯不須安。
亥怕辰兮戌怕巳。古賢立號鬼門關。
◎不過遠行或勿入陰廟宮寺。

天狗關

埋兒關

天吊關

短命關

和尚關

子見戌丑見亥。寅見子卯見丑。辰見寅巳見卯。
午見辰未見巳。申見午酉見未。戌見申亥見酉。
◎此關有血光傷害破相等宜制化。

子午卯酉逢野牛。寅申巳亥山猿羣。
辰戌丑未兎驚鬧。此關埋兒驚凶喪。
◎勿看出山凶喪保平安。

申子辰怕巳午時。寅午戌怕辰午時。
亥卯未怕申午時。巳酉丑怕卯子時。
◎重拜父母或過房。若私生子無妨。

寅午戌龍當。巳酉丑虎郎。申子辰蛇上。
亥卯未尋羊。時上見主驚叫夜啼。
◎限內主小心看護。宜制化方可平安。

子午卯酉怕辰戌丑未。辰戌丑未怕子午卯酉。
寅申巳亥怕申寅亥巳。便是休庵和尚關。
◎勿隨母入宮廟寺觀燒香拜佛。卽可解。

金鎖關

撞命關

夜啼關

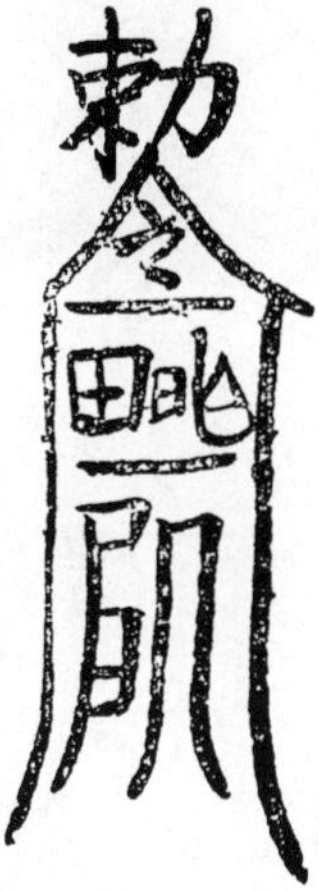

湯火關

五鬼關

正七月申時。二八月酉時。三九月戌時。
四十月亥時。五十一子時。六十二丑時。
◎童限忌帶金銀鎖片錢索等物。
子蛇丑羊寅巳宮。卯鼠午未俱怕牛。
辰巳申生同忌馬。酉亥怕猪戌忌羊。
◎犯此關主難養夭壽。生後宜過房圖解制化。
辰戌丑未虎鷄當。子午卯酉喜怕羊。
寅申巳亥羊又忌。兒命犯之定有殃。
◎限內夜間不要火。逢者制化自安。
子午卯酉莫逢馬。寅申巳亥怕見虎。
辰戌亥未若遇羊。湯火傷身切是防。
◎限內湯火油小心。宜制化保安寧。
子忌龍丑忌蛇。寅忌馬卯忌羊。辰忌猿巳忌鷄
午忌犬未忌猪。申忌鼠酉忌牛。戌忌虎亥忌兎。
◎限內勿過塚埔。勿近棺木板。

將軍箭　水火關　深水關　浴盆關

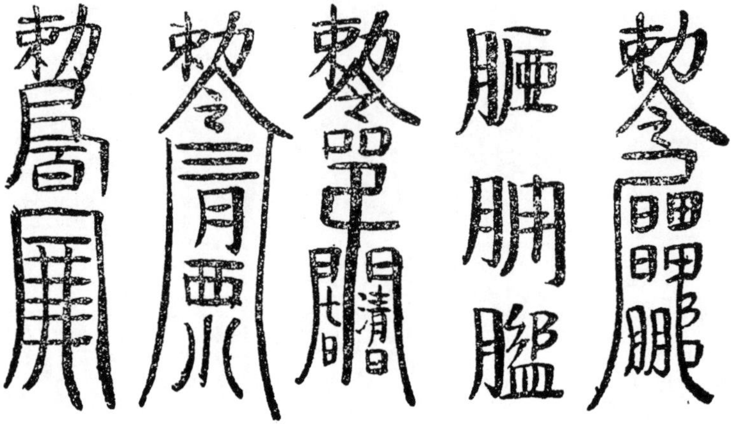

酉戌辰時春不旺。未卯子時夏中亡。
午寅丑時秋並忌。冬季亥申巳爲殃。
◎一箭管三歲柱中遇沖災禍臨至勿入將爺廟。
春月生人見戌未。夏月生人見丑辰。
秋月生人見丑戌。冬月生人見未辰。
◎須防水厄火湯油之災。解化保平安。
春忌寅申時。夏怕未時當。
秋季嫌酉時。冬天勿丑時。
◎清明七夕之日主不拜多病多災。
正七巳亥時。二八辰戌時。三九卯酉時。
四十寅申時。五十一丑未。
◎與父母暫分離，俗稱忌坐轎子而已。
浴盆之煞四季論。春忌龍兮夏忌羊
三秋忌犬冬忌丑。小兒初浴要提防。
◎小兒初次洗浴時小心。解厄平安。

斷橋關　閻王關　無情關　百日關　四季關

一虎二兎三猿子。四牛五犬六鷄鬪。
七龍八猴九馬丁。十羊十一亥二鼠。
◎勿渡舟過竹橋竹搖籃，幼時難養壯年亦忌。
春忌牛羊水上波。夏逢辰戌見閻王。
秋怕子午當廻避。冬季生人虎兎磨。
◎勿看功果做佛事。日主弱宜制化。
春生忌逢寅酉子。夏生忌見戌亥巳。
秋生忌遇申與丑。冬生忌值子午時。
◎父無偏呼。重拜亦可。以四季論斷。
寅申巳亥月忌辰戌丑未時。子午卯酉月忌寅申巳亥時。辰戌丑未月忌子午卯酉時。
◎童限犯之初生百日內勿出大門外。
春忌牛與蛇。夏生龍猴差。
秋怕猪羊位。冬犬虎交加。
◎四季小心。苗而不秀。必然難養多疾。

杭俗遺風曾講到杭州九月祭斗姆、有兒童過關：「九月初一至十日止、杭城人家有大半喫素淨廚，城內城外、山上山下共有斗壇三百餘處，均係在家人糾分設供每人晚拜懺至三四更不等，有名講究者初六七朝天上表，遍貼招知，並招兒童過關，士女之遊斗壇亦一大勝會也……。」由此可知兒童過關在九月，儀式究竟如何，就找不到更多，更詳細的記載了。

五、保育的迷信

人丁稀少的家庭，忽然喜獲麟兒，當然視如珍寶，尤其是祖父母對於「隔輩人」、或者晚年得子者，那眞是「頂在頭上怕摔了，含在嘴裏怕化了」，爲了企盼孩子易長易大，想盡了辦法，或寄名寺廟、或出寄認乾媽，至於打百家鎖、穿百家衣，那更是平常了，還有許多厭勝禳解的辦法，分類敍述於後：

甲、命名：

民間命名方法和禮記內則所記的士大夫命名方法不同。若曾在某位神佛那裡求子，後來居然得子的，就以神佛名諱爲根據給他起名，如「關保」（關帝保佑）、「媽賜」（媽祖所賜）之類。再不然就起個卑微的名字，比如叫小狗子、乞食、蕃薯、阿毛之類；北方還有給男孩起個女孩名字的習俗，也爲的是好養活，許多男孩名叫丫頭、叫妞子，還給他穿上一個耳孔，帶一個耳環。最普通的就是起個吉祥長壽的名字，如百歲、長壽、小鐵兒、拴子、石頭之類。還有給小孩算命排八字，看出五行之中缺那一類，就起個閏土、水恩、火木之類的名字。以上這四類命名都與迷信有關；至於帶有紀念性質、訓勉性質的命名就不用多講了。紅樓夢五十二回有關於名字的迷信：

「……麝月道：就是叫名字，從小兒到如今都是老太太吩咐過的。你們也知道的，恐怕難養活，巴巴的寫了他（寶玉）的小名兒各處貼蓋，叫萬人叫去，爲的是好養活，連挑水挑糞花子都叫得，何況我們？」顯然這又是一種厭勝的辦法。

乙、百家鎖和百家衣：

祝賀生小孩的禮物最多的是長命鎖，這還不算怎麼珍貴，最好是給小孩打個「百家鎖」戴，借這百家的福壽，小孩一定好養活，北平稱爲「化百家鎖」，方法和僧道化緣一樣，由有小兒的人家派個人到大街小巷人家鋪戶去乞討，每家只要一文錢，然後湊起來打一個鎖給孩子戴上，但是有些無賴却藉此騙錢，就有人想出向乞丐換錢的方法。江南湊百家鎖的辦法則不然，要先用白米七粒、紅茶七葉用紅紙包起來，總共要準備兩三百包，散給親友，收回時須各備錢數十文、數百文不等，然後將收集來的錢購銀鎖，正面鐫「百家寶鎖」，反面鐫「長命富貴」，將這百家鎖給小孩帶上，就可以長壽了。（見中華全國風俗志下篇卷五，卅九頁）

北平習俗還有給小孩穿「百家衣」的，所謂「百家衣」就是用各色碎布拼製衣服給小兒穿，意思是這樣衣服和乞丐的百結鶉衣一樣，可以叫小孩像卑微的乞兒似的易長易大，安徽還有「吃百家飯」的習俗，家中小孩體弱多病，就用大紅布袋向外姓人家討些糧米，煮飯給他吃，用意和穿「百家衣」一樣。

丙、寄名寺廟：

小兒生得嬌貴或算出他的命硬孤妨剋父母，就要把他送到寺廟裏作寄名和尚或道士，拜在主持名下作徒弟，由師父給他起個法名，有的小孩也穿僧衣。有錢人家到廟裏給子弟寄名的儀式是很隆重的，金瓶梅第四十回寫得很詳細，文長不錄。但書中吳道官給官哥起名叫吳應元，還送了一套道服、銀項圈和一些符索法物，計有：「一道三寶位下的黃線索，一道子孫娘娘面前的紫線索，一幅銀項圈，綠脫刻著金玉滿堂、長命富貴，一道朱書辟邪黃綾符，上寫著：太乙司命桃延合康八字……。」這幾樣東西是要長期掛在身上的。紅樓夢裏講到賈寶玉經常戴著項圈、寄名符，可見明清以來兒童在寺院寄名之風是很流行的。

華北地區兒童在寺廟寄名，俗稱「跳牆和尚」。中華全國風俗志下篇卷一，八十三頁天津小兒跳牆之風俗：「天津北倉鎮每年當春夏之時有小兒跳牆之俗，此風俗之起因：大凡缺少子嗣之人家，忽然生下一個男孩，自然愛如珍寶，但是一方面却時時惶恐，或是多病或是夭殤，因此爲父母者往往帶領小兒到廟中禱香禱告，求和尚給小兒起一名，俗稱寄僧名，其意謂自此以後，此孩便算出家。寄僧名之孩，往往作僧人裝束，直至十三歲跳牆還俗之時，方能更換。跳牆事前必須擇一吉日，買簸箕一個、毛帚一把、預備老銅錢八枚，及期父母帶領小兒又向神像焚香禱祝，一面使小兒持簸箕及毛帚拂拭香案，洒掃地下，事畢卽令理髮匠爲小兒留髮，隨後再使小兒立於板凳之上，左右手各持老錢四枚，旁觀之人喊聲：趕和尚，小兒便將手中所持之錢向後撒去，跳下板凳，並不回頭，直跑回家中，此卽所謂跳牆還俗也。」

又下篇卷三，七十二頁吳縣之奇俗：「吳縣有小兒寄名神佛之俗，此風全境皆然，蓋富貴人家之小孩嬌生慣養，太半身體柔弱，時膺疾病，其親乃至廟燒香，用紅布製一袋置小兒年庚於其中，俗名過寄袋，懸佛橱上，自是以後，每舊歷年終寺僧備飯菜，送小兒家中，名曰年夜飯，其親必給僧以錢，凡送三年始畢，當過寄時僧爲小兒取名，譬如神佛姓金卽取名金生、金壽等類，並携小兒來廟拈香，呼神如寄爺，及至成年完婚後，乃將紅布取回，名曰拔袋。」

丁、**認乾媽、乾爹**：

認義父義母北方叫作「認乾爹、乾媽」，江南稱爲「認寄父寄母」，俗又稱爲「拜過房爺、過房娘」。小孩認義父義母是爲了好養活，尤其喜歡認兒女多的人或貧寒的人作義父母，理由是兒女成羣的人家，孩子們就像成羣的小動物一樣，容易長大；貧寒人家的兒童大抵較多，也不嬌貴，反而會長大。還有兩方家長爲了增進兩家的情感，於是認對方的兒女作義子義女，爲的是多一門親戚來往，至於富翁貴官認坤伶、舞女作乾女兒，那是別有居心，就不在我們討論的範圍之內了。各省都有認義父義母的習慣，但是禮節習俗却各自不同，現在依次分別敍述於後：

北平人認爲認乾媽、乾爹會對乾媽、乾爹自己親生的子女不利，所以不是至親好友，從不肯要求比較生疏的人收自己的小孩作乾兒子、乾女兒，而且認乾親雙方要互相送禮並擺酒席，以後每年三節兩壽，乾兒子乾女兒家都要送禮，作乾爹、乾媽的也要回禮，所以不是富厚之家也應酬不起。認乾親是喜事，自然要選個吉利的日子舉行儀式，那天父母要準備酒席，還要替自己的孩子預備孝敬乾爹乾媽的禮物，這份禮物最重要的是乾爹的帽子，乾媽的鞋子，還要配上衣料之類，乾爹媽送給乾兒子的東西一定要有的的是飯碗、筷子和一個長命鎖，還有一套小衣服、鞋襪、帽子、圍嘴、兜肚等等。有錢人家都是到首飾店定打銀碗銀筷子，否則就到護國寺、白塔寺喇嘛那裏去買木碗，決不用磁碗，免得被小孩失手打碎，那是大不吉利的事。

普通認乾親的儀式，只要孩子正式向乾爹乾媽磕三個頭，改口稱呼乾爹乾媽就算完成。孩子小，特別嬌，認乾媽時，乾媽要穿上一條特別肥大的紅褲子，坐在炕頭上，旁人抱著孩子由袴襠裏鑽出來，意思是和親生的孩子一樣，然後乾媽給他帶上長命鎖，起個乳名，以後就用乾爹乾媽所贈的碗筷吃飯，意思是：是他家的孩子，吃他家的飯，就和親生父母不相干了，從此借乾爹乾媽的福氣，必可康強長壽的。

杭俗遺風第十二頁有一段專講認乾兒子乾女兒的事。

「承寄乾兒子乾女兒之風，杭州可謂盛行，蓋惟恐其不壽，而以出姓爲名，其實亦不過以有事爲榮也。乾爹乾娘送禮以包袱、兜肚二物爲重，其餘衣帽鞋襪等項，若云取名壓帖，此中豐嗇不等。其子女送乾爹媽者，備素菜十碗，並饈桃燭麵鞋襪鞋膝一切須用物件，隨同本生父母前往齊供王母壽星，至於每逢各節，一年之內亦如新嫁女兒，須送各式節景於子女，除夕又送年飯，三年爲滿。」

杭州和北平這兩個地方都是富庶之區，從前又在昇平時代，人們有錢有閒，爲了兒女，也爲了點綴生活，才想出種種辦法來找熱鬧、解除寂寞，因此認乾兒子、乾女兒這類的事固然是因迷信而起，却帶著很濃厚的人情味兒。

可是有些地方認乾爹乾娘純係由於迷信，不但認活人作義父母，而且有認樹木、石頭的；分別研討於後：

中華全國風俗志下篇卷五第三十三頁壽春迷信錄：「……又有認乾父者，俗謂之認乾爺，認滿八人時，八人共醵金爲製項鎖一圈，加之小孩頸上，十二歲後則八人復爲之去下，俗謂帶領時爲鎖關，開鎖時爲開關，一鎖一開則以爲可通身無病矣。」

江西還有拜乞婦作乾娘的：「……小孩有病，不但禱諸菩薩，且有求之乞婦者，則尤爲荒謬，……蓋誤於迷信之說，不曰沖動關煞，卽曰遇著前生父母，且均如法禳解，既已無效，最後乃浼一女丐，另囑人抱小孩拜之，其親生父母稱拜乾娘，從今以後與乾娘一樣。或曰與討飯的乾娘一樣。連呼不已，乞婦亦高聲以賤頭賤腦四字答之。幸而該兒已愈，乞婦卽以其乞得之飯每日來喂兒一次，該家須給飯一二碗以爲酬，……此風贛省到處皆有之。」——中華全國風俗志下篇卷五江西第四十一頁。

貴州還有撞名認乾父母的習俗：「盤縣初生小兒除寄拜乾父母外，有一種撞名之風俗，倘有時小孩有疾，以箸占卜，許以撞名，於是擇黃道吉日，在大路之畔陳列果品、焚香燒錢，而後靜伺行人，第一經過的人，便以爲小孩之乾父母，享以果品，以求認繼，其人無論如何不能推却，只好承認爲乾父母，並爲小孩易以姓己之姓，並另更一名，又須以錢物給小孩，以當贄見，如彼此相鄰近，以後便作親戚來往，若相距太遠或貧富懸殊，成禮以後，便卽完結。」——同書下篇卷八第三十四頁。

戊、捨替身及其他：

明太祖曾是皇覺寺的小沙彌，所以明代的皇子自幼都要剃度一個替僧在官廟出家；萬曆的替僧名宗善，見張居正的太岳集。後來王侯貴族紛紛效尤，買貧寒人家的兒女送到寺廟裏給自己的子弟作替身，紅樓夢裏講到妙玉的出身，就說她「祖上也是讀書仕宦之家，因自幼多病，買了許多替身都不中用，到底這姑娘入了空門，方才好了。」這是用活人作替身的。

還有用紙人作替身的。這歷史更古了，清翟灝通俗編卷五：「同話錄紙畫代人未知起何時，今世禱禳者用之，板刻印染，肖男女之形而無口，北方之俗，歲暮則人畫一枚，于臘月廿四日夜佩之於身，除夕焚之……閒窗括異志戴荆南都頭李遇病困，魂至陰司，方與一相識先死者相語，忽又一人曰：追到李遇。遇遂蘇，身下臥一畫人，號為替代，然則替代之來久矣」。又三國志杜畿注引魏氏春秋曰：「畿嘗見童子謂之曰：「司命使召子，畿固請之，童子曰：今將為君求相代者，君愼勿言。言卒不見，後二十年畿乃言之，其日遂卒。此又後世畫人無口之由來歟！」（第六十三頁）

由這段資料可證明宋代用紙畫代人的習俗非常普遍，但在十二月二十四日人人佩帶代人的事已經見不到人們奉行了。唯北平仍有替兒童在廟裏焚替身的事，從前我到朝陽門外東嶽廟調查，曾規自看到一位老婦人在子孫娘娘駕前焚化一個和眞人差不多高的女孩紙像，背後貼著一張紅紙條，上寫「永替趙志敏」五字。當時我匆匆忙忙沒有留神細看，不知這替身有沒有嘴了。北平習俗認爲小孩體弱多病，父母就可以爲他在神前許願作侍童，然後再焚一個紙糊的替身來還願，以後這小孩就不許再到廟裏去了，免得被神認出來，不許他回家。

除了捨替身，四川瀘縣有使兒女拜公鷄作保爺保娘的奇俗，廣東曲江獅子山、象山相接處有石門，當地人有在石門借名還名的風俗。這類地方性的特例在方志和前人的隨筆裏眞是不勝枚擧，只好省略掉了。